BIBLIOTECA DE DERECHO ADMINISTRATIVO

COLECCIÓN ALLAN R. BREWER-CARÍAS

Luigi Garofalo
(Director)

Carlos Antonio Agurto Gonzáles
Sonia Lidia Quequejana Mamani
Benigno Choque Cuenca
(Coordinadores Generales)

JAIME ORLANDO SANTOFIMIO GAMBOA
Profesor Emérito de la
Universidad Externado de Colombia
Ex - Consejero de Estado

Con la Colaboración de

ANDRES MAURICIO BRICEÑO CHAVES
Profesor de la Universidad de la Sabana
Ex – Magistrado Auxiliar del Consejo de Estado

RESPONSABILIDAD DEL ESTADO POR LA ACTIVIDAD JUDICIAL

2.ª EDICIÓN

editorial jurídica venezolana

Ediciones Olejnik

RESPONSABILIDAD DEL ESTADO POR LA ACTIVIDAD JUDICIAL

© Ediciones Olejnik
Huérfanos 611, Santiago-Chile
E-mail: contacto@edicionesolejnik.com
Web site: http://www.edicionesolejnik.com

ISBN: 978-956-392-978-2

Diseño de Carátula: Ena Zuñiga
Diagramación: Janett Ruiz Rebaza

La segunda edición de Ediciones Olejnik fue impresa en Argentina, 2021

La reimpresión en coedición entre Ediciones Olejnik y Editorial Jurídica Venezolana fue impresa por Lightning Source, an Ingram Company, para Editorial Jurídica International Inc., 2021

SOBRE LOS AUTORES

Jaime Orlando Santofimio Gamboa. Abogado de la Universidad Externado de Colombia. Doctor en Derecho por la Universidad Carlos III Madrid (España). Post doctor de las Universidades Carlos III de Madrid (España) y Universidad Externado de Colombia (Colombia). Máster en Gobierno Municipal de la Universidad Externado de Colombia. Especializado en Derecho Administrativo en esta misma casa de estudios. Especialista en Administración Pública del Instituto Brasileiro de Administración Municipal. Profesor de la cátedra de Derecho Administrativo General en la Universidad Externado de Colombia y de la Maestría en Derecho Administrativo y del Doctorado en Derecho de esta misma universidad. Ex - director del Departamento de Derecho Administrativo de la Universidad Externado de Colombia. Ex -Magistrado del H. Consejo de Estado de la República de Colombia.

Andrés Mauricio Briceño Chaves. Abogado de la Universidad Externado de Colombia. Doctor en Derecho por la Universidad Carlos III de Madrid (España). Pos doctor de las Universidades Carlos III de Madrid (España) y Universidad Externado de Colombia (Colombia). Diploma de Estudios Avanzados en Derecho Administrativo en la Universidad Carlos III de Madrid (España). Ex – docente e investigador de la Universidad Externado de Colombia. Docente de la cátedra de Derecho Administrativo General en la Universidad de la Sabana y de Planeación Contractual en la Especialización y Maestría en Contratación Estatal de la misma universidad. Director de la Maestría en Contratación Estatal de la Universidad de la Sabana. Ex – Magistrado Auxiliar del Consejo de Estado.

Este documento fue elaborado con la colaboración del Dr. Andrés Mauricio Briceño Chaves profesor de la Universidad Externado de Colombia, y del Dr. Bernardo Reina Parra, abogado sustanciador del despacho del Dr. Jaime Orlando Santofimio Gamboa en la Sección Tercera, Sub-sección C del Consejo de Estado de Colombia.

ÍNDICE

RESUMEN/ ABSTRACT

La administración de justicia como uno de los poderes del Estado no se encuentra exenta de comprometer la responsabilidad patrimonial del Estado. En la evolución del régimen de responsabilidad del Estado-administración de justicia se ha superado la tesis inicial de la irresponsabilidad fundada en la inviolabilidad de las decisiones judiciales con los que se hacía prevalecer los principios de cosa juzgada y de seguridad jurídica, hasta llegar a la configuración de la responsabilidad no sólo por razón de dichas decisiones, sino también por el resultado de las mismas que se encaminen a privar injustamente la libertad de las personas, e incluso por anormalidad o defectuoso funcionamiento en la prestación de la actividad de la administración de justicia. Se trata, además, de un régimen que en el moderno Estado Social y Democrático de Derecho recibe el sustancial influjo de las normas convencionales, erigiéndose como sustrato esencial para su construcción del derecho de acceso a la administración de justicia o la tutela judicial efectiva, donde el papel de la víctima es esencial verificar por sobre los procedimientos, decisiones y funcionamiento en sí mismo de la administración de justicia. En el estudio que se presenta a continuación, se busca examinar la evolución de este régimen de responsabilidad en el ordenamiento jurídico colombiano; la influencia convencional del derecho de acceso a la administración de justicia o la tutela judicial efectiva; la posible revisión que exige la convencionalidad para el juzgamiento de la responsabilidad de los organismos judiciales internacionales; y, finalmente la delimitación de cada uno de los fundamentos en los que se estructura la responsabilidad del Estado-administración de justicia [indebido o imposible acceso a la administración de justicia; privación injusta de la libertad; error judicial y defectuoso funcionamiento de la administración de justicia].

El análisis que se presenta en esta publicación deriva del estudio de la jurisprudencia reciente de la Sección Tercera del Consejo de Estado de Colombia, comprendiendo todos aquellos eventos en los que la responsabilidad del Estado ha sido cuestionada bien sea por que se incurre en un error judicial [o jurisdiccional], en un defectuoso funcionamiento de la administración de justicia [*v.gr.*, por imposición de un embargo, retención de un bien mueble, pérdida de bienes muebles en cabeza de auxiliares de la justicia como secuestres, etc.], o por privación injusta de la libertad. En cuanto a este último supuesto, en la jurisprudencia del Consejo de Estado de Colombia desde 2013 existe un debate constante, complejo y divergente, acerca del daño antijurídico, de los títulos o supuestos de imputación y sobre la reparación de los perjuicios inmateriales y materiales. Se trata, en el evento de la privación injusta de la libertad, de debatir el alcance que debe darse a la primacía de la libertad como premisa sustancial en el ejercicio de la acción penal del Estado, sin que se convierta la detención, la privación de la libertad o la supresión del derecho a la locomoción en reglas generales, lo que sigue planteando debates en el derecho colombiano.

****

The administration of justice as one of the branches of government is not free to engage the liability of the State. In the evolution of the liability regime-state justice has exceeded the initial thesis of irresponsibility founded on the sanctity of judicial decisions supported by the prevalence of the principles of res judicata and legal certainty, reaching settings the responsibility not only because of those decisions, but also for the results thereof to be routed to unfairly deprive the freedom of people, and even abnormality or malfunction in providing the activity of the administration of justice. It also is a regime that in the modern social and democratic state of law receives substantial influx of conventional standards, establishing itself as an essential subs-trate for construction of the right of access to justice and an effective remedy where the role of the victim is essential to check above procedures, decisions and operation itself of the administration of justice itself. In the study presented below, it seeks to examine the evolution of this system of liability in the Colombian legal system; Conventional influence the right of access to justice or an effective remedy; the possible revision conventionality required for judging the responsibility of international judicial bodies; and finally the definition of each of the grounds on which is the responsibility of the State-justice [improper or impossible access to justice structure; unjust deprivation of liberty; judicial error and malfunction of the administration of justice].

The analysis presented in this publication derives from the study of the recent jurisprudence of the Third Section of the Council of State of Colombia, including all those events in which the responsibility of the State has been questioned, because a judicial error is incurred. [or jurisdictional], in a defective operation of the administration of justice [eg, due to the imposition of a seizure, retention of movable property, loss of movable property at the head of judicial assistants such as kidnappings, etc.], or for unjust deprivation of liberty. Regarding this last assumption, in the jurisprudence of the Council of State of Colombia since 2013 there is a constant, complex and divergent debate about unlawful damage, the titles or assumptions of imputation and about the reparation of non-pecuniary and material damages. In the event of unjust deprivation of liberty, it is a matter of debating the scope that should be given to the primacy of liberty as a substantial premise in the exercise of criminal action by the State, without the detention, deprivation of freedom or the suppression of the right to locomotion in general rules, which continues to raise debates in Colombian law.

INTRODUCCIÓN

LA RESPONSABILIDAD DEL ESTADO Y EL EJERCICIO DE LA ACTIVIDAD JUDICIAL

1.- La configuración de la responsabilidad patrimonial del Estado con ocasión de la actividad de la administración de justicia deviene su razón de ser en la institucionalización del poder, y en especial, en el postulado de la imposibilidad absoluta, dentro del contexto del Estado social y democrático de derecho, de admitir escenarios que amparen la arbitrariedad, el abuso, el exceso, el ejercicio desproporcionado, las omisiones, y la inactividad con los que se producen daños antijurídicos ocasionados por los agentes estatales de cualquiera de los poderes públicos, en los bienes, intereses y derechos de los asociados[1]. Se trata de una vieja lucha política y doctrinaria, ampliamente desarrollada en nuestro ordenamiento jurídico, y que por virtud del principio de integración normativa recibe el sustancial influjo convencional y constitucional, imponiéndose un modelo donde la víctima es la esencia de manera tal que se consagra un régimen de responsabilidad cuyos elementos sustanciales, daño antijurídico[2], imputación y reparación [integral] operan bajo el contex-

---

1 SANTOFIMIO GAMBOA, Jaime Orlando, *Tratado de Derecho Administrativo. Derecho de víctimas y Responsabilidad del Estado*. T. V, 1ª ed Universidad Externado de Colombia, Bogotá, 2017. SANTOFIMIO GAMBOA, Jaime Orlando, *Compendio de Derecho Administrativo*, 1a ed, Universidad Externado de Colombia, Bogotá, 2017.

2 RIVERO, Jean, *Droit administratif*, 11ème éd, Dalloz, París, 1985. "Le dommage n'ouvre droit à réparation que s'il présente certains caracteres intrinsèques. 1° Comme en droit privé, le dommage doit être *certain*. A cette condition répondent le dommage né et actuel, et le dommage futur lorsque sa réalisation apparaît inévitable. Seul est exclu le dommage éventuel. 2° Le dommage doit être *spécial*, c'est-à-dire particulier à la ou aux victimes, et non commun à l'ensemble des membres d'une collectivité [...] Mais il ne faut pas confondre spécialité et fréquence du dommage: un préjudice ne cesse pas d'être spécial parce qu'il se reproduit fréquemment. 3° Le dommage doit être *anormal*; il

to de los modernos principios garantistas del Estado Social y Democrático de Derecho[3], donde indiscutiblemente queda comprendido el accionar, entre otros, del poder judicial, y específicamente de la administración de justicia, cuando le sean imputables daños antijurídicos[4], con ocasión de "todo acto de comportamiento del servicio de la justicia que haya tenido incidencia sobre los derechos de las personas y con relación a la función judicial..."[5].

2.- En la dimensión convencional esta línea del pensamiento institucional se ha inspirado y determinado, en la construcción de los artículos 1.1, 2, 8 y 25 de la Convención América de Derechos Humanos, en la cláusula de la tutela judicial efectiva[6] [acceso a la administración de justicia], en la que se

---

doit exceder les inconvénients inhérents au fonctionnement d'un service, les servitudes qu'impose toute vie collective. 4º Le dommage doit porter sur *une situation juridiquement protégée*".

3 KANT, Immanuel, *Lecciones de ética*, 1ª ed, Crítica, Barcelona, 2001, p. 97. "Toda imputación es un juicio -emitido a tenor de ciertas leyes prácticas- acerca de una acción, en que ésta resulte de la libertad de una persona (...) En la imputación la acción ha de tener su origen en la libertad". FABRA ZAMORA, Jorge, "Estudio introductorio. Estado del arte de la filosofía de la responsabilidad extracontractual", en BERNAL PULIDO, Carlos; FABRA ZAMORA, Jorge, (eds), *La filosofía de la responsabilidad civil. Estudios de los fundamentos filosóficos-jurídicos de la responsabilidad civil extracontractual*, 1ª ed, Universidad Externado de Colombia, Bogotá, 2013, p. 86. "La justicia kantiana requiere la intervención del "derecho público" para la realización completa de los derechos y permitir que todos los títulos, provisionales en el estado de la naturaleza, sean completos bajo el estado". SANTOFIMIO GAMBOA, Jaime Orlando, *Tratado de Derecho Administrativo. Derecho de víctimas y Responsabilidad del Estado*, ob., cit.

4 DEGUERGUE, Maryse (Coord) *La justicia y la responsabilidad del Estado.* Universidad de Santo Tomás, Bogotá, 2010, pp. 51 y 52. "Habiéndose dado el movimiento de democratización y transparencia del Estado, la reflexión se ha venido matizando por la cuestión de saber si el servicio público de la justicia es un servicio público como los otros y si debe, no solamente ser responsable de todas sus faltas, sino también, indemnizar las consecuencias dañinas y los riesgos que se presenten como consecuencia de sus actividades"

5 SABOURAULT, Didier. "La responsabilidad del servicio público de la justicia en Bélgica", en DEGUERGUE, Maryse (Coord.), *La justicia y la responsabilidad del Estado, ob., cit.*, p. 94.

6 CORTE INTERAMERICANA DE DERECHOS HUMANOS, caso Suárez Peralta vs. Ecuador, excepciones preliminares, fondo, reparaciones y costas, sentencia de 21 de mayo de 2013, párrafo 93. "La Corte ha señalado que "[e]l derecho a la tutela judicial efectiva exige a los jueces que dirijan el proceso de

debe sustentar toda configuración o encuadramiento de la responsabilidad patrimonial del Estado que se desprenda del ejercicio de la administración de justicia en todas sus manifestaciones, por los diferentes agentes que puedan intervenir [incluso aquellos privados que colaboran con la administración de justicia, *v.gr.*, los auxiliares como secuestres o depositarios de bienes que se encuentran vinculados a procesos judiciales], y bajo todas las consecuencias que se puedan concretar y que exijan su reparación integral.

3.- Recientemente la Corte Interamericana de Derechos Humanos considera que la garantía o tutela judicial efectiva debe ser protegida a toda persona y teniendo en cuenta la independencia y autonomía de las autoridades judiciales como componente de las exigencias del debido proceso[7], y cuya

---

modo a evitar dilaciones y entorpecimientos indebidos, conduzcan a la impunidad, frustrando así la debida protección judicial de los derechos humanos" [*cfr.* Caso *Bulacio vs Argentina*, fondo, reparaciones y costas, sentencia de 18 de septiembre de 2003, párrafo 115; caso *Myrna Mack Chang vs. Guatemala*, fondo, reparaciones y costas, sentencia de 25 de noviembre de 2003, párrafo 210], y que "los jueces como rectores del proceso tienen el deber de dirigir y encausar el procedimiento judicial con el fin de no sacrificar la justicia y el debido proceso legal en pro del formalismo y la impunidad", pues de lo contrario se "conduce a la violación de la obligación internacional del Estado de prevenir y proteger los derechos humanos y menoscaba el derecho de la víctima y de sus familiares a saber la verdad de lo sucedido, a que se identifique y se sancione a todos los responsables y a obtener las consecuentes reparaciones". SANTOFIMIO GAMBOA, Jaime Orlando, *El concepto de convencionalidad, vicisitudes para su construcción sustancial en el sistema interamericano de derechos humanos. Ideas fuerza rectoras*. 1ª ed, Universidad Externado de Colombia, Bogotá, 2017.

7 CORTE INTERAMERICANA DE DERECHOS HUMANOS, caso Casa Nina vs. Perú, sentencia de 24 de noviembre de 2020, excepciones preliminares, fondo, reparaciones y costas, párrafo 71. "Asimismo, el Tribunal ha señalado que las exigencias del debido proceso previstas en el artículo 8.1 de la Convención, así como criterios de independencia y objetividad, se extienden también a los órganos que corresponda la investigación previa al proceso judicial, realizada para determinar la existencia de suficientes indicios para el ejercicio de la acción penal, de manera que sin la observancia de tales exigencias el Estado está imposibilitado de ejercer de manera efectiva y eficiente su facultad acusatoria y los tribunales no podrán llevar a cabo el proceso judicial correspondiente". CORTE INTERAMERICANA DE DERECHOS HUMANOS, caso Martínez Esquivia vs. Colombia, sentencia de 6 de octubre de 2020, excepciones preliminares, fondo y reparaciones, párrafo 84.

"Esta Corte ha precisado que los jueces cuentan con garantías específicas debido a la independencia necesaria del Poder Judicial, lo cual se ha entendi-

ausencia o falta puede concretar la responsabilidad patrimonial del Estado por la actividad de la administración de justicia en alguno de los supuestos que serán tratados en esta publicación.

4.- De los anteriores presupuestos cabe afirmar que la responsabilidad patrimonial del Estado-administración de justicia comprende la vulneración de una pluralidad de bienes, intereses y derechos. Con otras palabras, no se reduce el debate sólo a la libertad de la persona que se pone en cuestión como consecuencia de una decisión judicial, sino que puede resultar lesionada la dignidad humana, la integridad personal y familiar, el libre desarrollo de la personalidad, el derecho al buen nombre y a la honra, el derecho a la libertad, la libertad de expresión y pensamiento, el derecho al trabajo, el derecho de propiedad, el derecho a la personalidad jurídica, los derechos políticos, intereses individuales o colectivos, etc.

5.- En su desarrollo jurisprudencial en Colombia no se agota sólo en el examen a las decisiones que adoptan los jueces en cualquiera de las jurisdicciones, sino que tiene un despliegue en todos los ámbitos en los que se manifiesta el poder judicial[8]. Como elemento atemperador y reductor de la

---

do como "esencial para el ejercicio de la función judicial" (Cfr. Caso Reverón Trujillo Vs. Venezuela. Excepción preliminar, Fondo, Reparaciones y Costas. Sentencia de 30 de junio de 2009. Serie C No. 197, párr..67, y Caso Rico Vs. Argentina. Excepción Preliminar y Fondo. Sentencia de 2 de septiembre de 2019. Serie C No.383, párr. 52). En tal sentido, este Tribunal ha afirmado que uno de los objetivos principales que tiene la separación de los poderes públicos es la garantía de la independencia judicial. Dicho ejercicio autónomo debe ser garantizado por el Estado tanto en su faceta institucional, esto es, en relación con el Poder Judicial como sistema, como en su vertiente individual, es decir, con relación a la persona del Juez específico. En todo caso, el objetivo de la protección radica en evitar que el sistema judicial en general y sus integrantes en particular, se vean sometidos a posibles restricciones indebidas en el ejercicio de su función por parte de órganos ajenos al Poder Judicial o incluso por parte de quienes ejercen funciones de revisión o apelación". SANTOFIMIO GAMBOA, Jaime Orlando, *El concepto de convencionalidad, vicisitudes para su construcción sustancial en el sistema interamericano de derechos humanos. Ideas fuerza rectoras*, ob., cit.

8 RENARD-PAYEN, Olivier, ROBINEAU, Yves, "La responsabilité d'État pour faute du fait du fonctionnement défecteux su service public de la justice judiciaire et administrative", en [http://lexin ter.net/JF/responsabilite_de_l'etat_pour_fonctionnement_defectue ux_de_ la_justice.htm]. "La spécificité de la fonction juridictionnelle a toujours imposé un régimen particulier de mise en oeuvre de la responsabilité de ceux qui l'exercent, comme de l'État lui-

responsabilidad está la acción de tutela (recurso de amparo) que puede ejercerse contra las providencias judiciales en todas las jurisdicciones y niveles de la administración de justicia, que sigue siendo objeto de controversia por la tensión que representa para los principios de la cosa juzgada, la seguridad jurídica y la independencia del juez de conocimiento.

6.- Teniendo en cuenta los anteriores argumentos, cabe afirmar que este régimen de responsabilidad se construye a partir de la cláusula constitucional de la responsabilidad del Estado consagrada en el artículo 90 de la carta política[9] que acepta la plena vigencia, y da aplicación estricta a la responsabilidad derivada de las acciones y omisiones propias de la actividad del poder judicial y de sus agentes y servidores, en el entendido, de que constituye presupuesto insoslayable de la concepción Social y Democrática del Estado[10].

7.- En los términos de esta cláusula constitucional, el Estado responderá patrimonialmente por los daños antijurídicos que le sean imputables causados por la acción, omisión, o inactividad de las autoridades públicas[11], de

---

même dont elle constitue un pouvoir régalien [...] Selon la jurisprudence du Tribunal des conflits issue de la decisión du 27 novembre 1952 "Préfet de la Guyane", qui distingue "l'exercice de la fonction juridictionnelle" et "l'organisation même du service public de la justice", l'action en responsabilité de l'État à raison de l'activité juridictionnelle des tribunaux judiciaires est de la compétence de l'ordre de juridiction dont ils relèvent [...] La notion d'exercice de la fonction juridictionnelle doit s'entendre au-delà des seuls actes juridictionnels ou non, accomplis par les juges à l'occasion du litige qui leur es soumis".

9 La cláusula expresa, sin duda alguna, la consolidación de un modelo de Estado Social de Derecho, fundado en la superación de la idea de la irresponsabilidad en el accionar de los poderes públicos y sus agentes en todos sus aspectos, ámbitos y dimensiones.

10 SANTOFIMIO GAMBOA, Jaime Orlando, *El concepto de convencionalidad, vicisitudes para su construcción sustancial en el sistema interamericano de derechos humanos. Ideas fuerza rectoras*, ob., cit. SANTOFIMIO GAMBOA, Jaime Orlando, *Tratado de Derecho Administrativo. Derecho de víctimas y Responsabilidad del Estado*, ob., cit.

11 COLOMBIA, Corte Constitucional, sentencia T-066 de 2019, fundamento jurídico 48. "El artículo 90 constituye la cláusula de responsabilidad patrimonial del Estado, por los daños antijurídicos que le sean imputables, sea por la acción u omisión de sus agentes. Para hacer efectivo este mandato constitucional, el ordenamiento jurídico ha previsto una serie de instrumentos jurisdiccionales y no jurisdiccionales para reconocer o condenar la responsabilidad contractual o extracontractual del Estado. Uno de estos mecanismos, es la acción de

donde se observa que la disposición tiene como fundamento la determinación de un daño antijurídico producido u ocasionado a un administrado, y la imputación del mismo a la administración pública[12] tanto por la acción,

---

reparación directa, actualmente previsto en el artículo 140 de la Ley 1437 de 2011 (en adelante, "CPACA"), según el cual, sin necesidad de requerir previamente a la administración, el interesado podrá acudir a la Jurisdicción de lo Contencioso Administrativo para solicitar la reparación integral del daño antijurídico causado por la acción u omisión de los agentes del Estado (...) Este proceso también permite, por ejemplo, la reparación de los daños antijurídicos derivados de la actuación judicial, en desarrollo de lo previsto en los artículos 65 y siguientes de la Ley Estatutaria de Justicia. Este mecanismo permite así a las víctimas, obtener la reparación integral de sus perjuicios, no solo en términos económicos, sino a través de una serie importante de medidas de satisfacción". COLOMBIA, Corte Constitucional, sentencia C-410 de 2015. "Del contenido del artículo 90, la Corte ha extraído dos premisas jurídicas, aunque poseedoras de un lógica dependencia instrumental: la primera hace referencia a la responsabilidad patrimonial del Estado, y el deber de responder por el daño antijurídico que le sea imputable, el cual puede ser igualmente generado por la acción o la omisión de las autoridades públicas; y la segunda, referida a la responsabilidad del servidor público por el daño antijurídico causado con su conducta dolosa o gravemente culposa como agente estatal, y al deber del Estado de repetir en su contra" COLOMBIA, Corte Constitucional, sentencia C-864 de 2004. "3- Hasta la Constitución de 1991, no existía en la Constitución ni en la ley una cláusula general expresa sobre la responsabilidad patrimonial del Estado. Sin embargo, la jurisprudencia de la Corte Suprema de Justicia y, en especial, del Consejo de Estado encontraron en diversas normas de la constitución derogada -en especial en el artículo 16- los fundamentos constitucionales de esa responsabilidad estatal y plantearon, en particular en el campo extracontractual, la existencia de diversos regímenes de responsabilidad, como la falla en el servicio, el régimen de riesgo o el de daño especial. Por el contrario, la actual Constitución reconoce expresamente la responsabilidad patrimonial del Estado". Puede verse también: Corte Constitucional, sentencia C-037 de 2003.

12 COLOMBIA, Corte Constitucional, sentencia T-147 de 2019, fundamento jurídico 23. "(...) la imputación es el componente que permite atribuir jurídicamente un daño a un sujeto determinado. En otras palabras, es el título en razón del cual se atribuye el daño causado por el agente a la entidad a la cual pertenece; el factor de atribución de la responsabilidad (la falla del servicio, el riesgo excepcional y daño especial). Por esta razón, puedse afirmarse que no basta que el daño sea antijurídico sino que éste debe ser además imputable al Estado, es decir, "debe existir un título que permita su atribución a una actuación u omisión de una autoridad pública". La Corte Constitucional también

ha establecido que esta imputación está relacionda, pero no debe confundirse, con la causación material. Por ello, coincide con el Consejo de Estado en, para imponer al Estado la obligación de reparar un daño, "*es menester, que además de constatar la antijuridicidad del mismo, el juzgador elabore un juicio de imputabilidad que le permita un 'título jurídico' distinto de la simple causalidad material que legitime la decisión; vale decir, la 'imputatio juris' además de la imputatio facti*"". COLOMBIA, Corte Constitucional, sentencias C-619 de 2002; C-918 de 2002. Conforme a lo establecido en el artículo 90 de la Carta Política "los elementos indispensables para imputar la responsabilidad al estado son: a) el daño antijurídico y b) la imputabilidad del Estado". Sentencia de 21 de octubre de 1999, Exps. 10948-11643. Es, pues "menester, que además de constatar la antijuridicidad del [daño], el juzgador elabore un juicio de imputabilidad que le permita encontrar un título jurídico distinto de la simple causalidad material que legitime la decisión; vale decir, 'la *imputatio juris*' además de la '*imputatio facti*'". Sentencia de 13 de julio de 1993. En el precedente jurisprudencial constitucional se sostiene: "En efecto, el artículo de la Carta señala que para que el Estado deba responder, basta que exista un daño antijurídico que sea imputable a una autoridad pública. Por ello, como lo ha reiterado esta Corte, esta responsabilidad se configura "siempre y cuando: i) ocurra un daño antijurídico o lesión, ii) éste sea imputable a la acción u omisión de un ente público". En la reciente sentencia C-829 de 13 de noviembre de 2013, la Corte Constitucional argumenta: "En reiterada jurisprudencia la Corte se ha referido a la naturaleza objetiva de la responsabilidad del Estado por el daño antijurídico que irrogue a los particulares. Lo esencial del cambio introducido por el artículo 90 de la Constitución radica entonces en que ahora el fundamento de la responsabilidad no es la calificación de la conducta de la Administración, sino la calificación del daño que ella causa. No se trata de saber si hubo o no una falla en el servicio, es decir una conducta jurídicamente irregular aunque no necesariamente culposa o dolosa, sino de establecer si cualquier actuar público produce o no un daño antijurídico, es decir un perjuicio en quien lo padece, que no estaba llamado a soportar. Este nuevo fundamento de la responsabilidad estatal, radicado ahora en la noción de daño antijurídico, ha sido considerado como acorde con los valores y principios que fundamentan la noción de Estado Social de Derecho, especialmente con la especial salvaguarda de los derechos y libertades de los particulares frente a la actividad de la Administración, a la que este modelo de Estado propende; también con la efectividad del principio de solidaridad y del de igualdad de todos ante las cargas públicas". Produciéndose un retroceso en la sentencia C-957 de 10 de diciembre de 2014. "... independientemente de si se alegan dos o tres requisitos derivados del artículo 90 superior, -que vistos en conjunto incluyen en ambos casos las exigencias propias de esa disposición constitucional pero que se presentan de manera diferente, -la determinación de la responsabilidad patrimonial del

como por la omisión (omisión propiamente dicha o inactividad) de un deber normativo[13]. Luego en su construcción inicial, el régimen de responsabilidad nos lleva a la consideración de tres elementos básicos: *a. el daño antijurídico; b. el juicio de imputación; y, c. la reparación integral.* Tales elementos son el "*mínimum*", el sustrato básico y esencial para encaminarse en la consideración de la responsabilidad[14]. Y es a esos tres elementos a los que cabe llevar la valoración de la actividad judicial del Estado.

8.- De manera concreta, y ya propiamente en régimen jurídico que rige la materia, tenemos que la responsabilidad del Estado-administración de justicia es asunto cuyo tratamiento ha tenido diferentes etapas evolutivas en la jurisprudencia contencioso administrativa, especialmente.

8.1.- Bajo la cobertura de la Constitución de Colombia de 1886, y específicamente en los años ochenta se formuló como línea una suerte de irresponsabilidad patrimonial del Estado cuando se trataba del ejercicio de la función de impartir justicia, radicándose su sustento en dos argumentos: (i) sobre las

---

Estado requiere para su demostración básicamente: la existencia de un daño antijurídico, causado por la acción o la omisión de las autoridades públicas, que le sea imputable al estado, y donde exista una relación de causalidad entre el daño antijurídico y la acción u omisión del ente público, que es de la que se desprende la imputabilidad estatal".

13 MERKL, Adolfo. *Teoría general del derecho administrativo*. Edinal, México, 1975, pp. 212 y 213. "Toda acción administrativa concreta, si quiere tenerse la certeza de que realmente se trata de una acción administrativa, deberá ser examinada desde el punto de vista de su relación con el orden jurídico. Sólo en la medida en que pueda ser referida a un precepto jurídico o, partiendo del precepto jurídico, se pueda derivar de él, se manifiesta esa acción como función jurídica, como aplicación del derecho y, debido a la circunstancia de que ese precepto jurídico tiene que ser aplicado por un órgano administrativo, se muestra como acción administrativa. Si una acción que pretende presentarse como acción administrativa no puede ser legitimada por un precepto jurídico que prevé semejante acción, no podrá ser comprendida como acción del Estado".

14 GARRIDO FALLA, Fernando. "La constitucionalización de la responsabilidad patrimonial del Estado", *op. cit.*, pp. 10-11. La "teoría de la responsabilidad patrimonial de la Administración surge como consecuencia de la actividad administrativa ilícita (...) ausencia de una obligación legal, por parte del dañado, de soportar el daño. Dicho de otra forma: actividad lícita de la Administración se corresponde con obligación del administrado de soportar dicha actividad justificada por el interés público que se satisface, pero que determina el nacimiento de un derecho a reclamar indemnización por parte del perjudicado".

decisiones judiciales opera el principio de cosa juzgada; y (ii) se trataba de un riesgo a cargo, o en cabeza de todos[15].

8.2.- Sin perjuicio de lo anterior, y con base en la interpretación sistemática y armónica del artículo 16 de la Constitución de 1886 y lo consagrado en el artículo 10 de la Convención Americana de Derechos Humanos [incorporada al ordenamiento jurídico colombiano por medio de la ley 16 de 1972], se fue encuadrando la responsabilidad del Estado por "error judicial" siguiendo los presupuestos de la última norma convencional citada, esto es, cuando la persona había sido condenada en sentencia en firme por error judicial". Se trató de una manifestación inicial de la convencionalidad en la que podía inspirarse la construcción de la responsabilidad patrimonial del Estado en el supuesto de error judicial.

8.3.- Así mismo, se produce un nuevo encuadramiento de la responsabilidad por "defectuoso funcionamiento de la administración de justicia", comprendiendo jurisprudencialmente que "una cosa es la intangibilidad de la cosa juzgada, presupuesto fundamental de la sociedad y también dogma político y otra cosa con ciertos actos que cumplen los jueces en orden a definir cada proceso, los que no requieren de más que la prudencia administrativa. Por eso cuando con esos actos se causan daños, haciéndose patente como en el caso en estudio el mal funcionamiento del servicio público, es ineludible que surja la responsabilidad"[16].

8.4.- Con la entrada en vigencia de la Carta Política de 1991 de Colombia, y la consagración de la responsabilidad del Estado como cláusula constitucional

---

15 COLOMBIA, Consejo de Estado, Sección Tercera, sentencia de 14 de febrero de 1980, expediente 2367; auto de 26 de noviembre de 1980, expediente 3062.

16 COLOMBIA, Consejo de Estado, Sección Tercera, sentencia de 10 de noviembre de 1967, expediente 867. Puede verse también: Sección Tercera, sentencia de 31 de julio de 1966, expediente 1808. "La administración de justicia culmina en las decisiones jurisdiccionales, pero se ejercita a través de una sucesión de actos, varios de ellos de carácter administrativo, y simplemente de este carácter, los que pueden aparejar la responsabilidad estatal. Una cosa es la intangibilidad de la cosa juzgada, presupuesto fundamental de las sociedades y también dogma político, otras cosas son ciertos actos que cumplen los jueces en orden a definir cada proceso, lo que no requieren de más que de la prudencia administrativa. Por eso cuando con esos actos se causan daños, haciéndose patente cómo en el caso en estudio, el mal funcionamiento del servicio público, es ineludible que surja la responsabilidad". El caso trataba de la sustracción y cobro fraudulento de depósitos judiciales a cargo de un juzgado dentro de un proceso ejecutivo.

en los términos del artículo 90 la concepción inflexible de la irresponsabilidad del administración pública por las decisiones judiciales empezó a variar limitadamente, con posiciones jurisprudenciales como aquella en que se consideró que si "bien, el Consejo de Estado se ha mostrado renuente a declara la responsabilidad del Estado por falla del servicio judicial, considera la Sala que tal posición no puede ser tan inflexible ni volver la espalda a determinadas realidades de equidad y justicia en cuanto se trata de resarcir los perjuicios ocasionados con acciones y omisiones escandalosamente injurídicas [*sic*] y abiertamente legales [*sic*], ocurridas en la prestación de dicho servicio. Desde luego no se trata de reconocer responsabilidad administrativa a cargo del Estado como consecuencia de un fallo, sentencia o providencia definitivas y con efectos de cosa juzgada, por la simple equivocación conceptual en que pueda incurrir el juzgador. Al contrario, se trata de que los administrados conozcan que cuando [sic] sus jueces incurren en eventuales conductas abiertamente contraria a derecho y generadores de daños y perjuicios materiales y morales, junto con su personal responsabilidad, originan también en el propio Estado la obligación resarcitoria"[17].

8.5.- Pese a la anterior línea jurisprudencial del contencioso administrativo colombiano, y a lo que representaba la cláusula constitucional, la jurisprudencia seguía concibiendo que no podía considerar como error judicial aquellas "cargas inherentes a un proceso judicial para definir la situación legal de un vehículo retenido"[18].

8.6.- En este estado de cosas se vino a encuadrar la responsabilidad del Estado como consecuencia de la detención ilegal [el lenguaje jurídico y jurisprudencial no distingue entre captura, detención y privación de la libertad lo que representa cierta limitación conceptual] de una persona y su vinculación a una investigación penal por parte de la Fiscalía[19], para lo que se aplicó de

---

17 COLOMBIA, Consejo de Estado, Sección Tercera, sentencia de 1 de octubre de 1992, expediente 7058.

18 COLOMBIA, Consejo de Estado, Sección Tercera, sentencia de 13 de agosto de 1993, expediente 7869. "Normalmente el ciudadano debe asumir las cargas inherentes a un proceso judicial para definir la situación legal de un vehículo retenido. Cargas que implican someterse a la duración del término investigativo y la calificación de la instrucción, incluido cuando haya lugar, el trámite de la segunda instancia, al no encontrarse irregularidad de ninguna naturaleza en lo actuado ante la justicia penal aduanera, así tal actuación se haya prolongado en el tiempo, tal circunstancia no puede encuadrarse, según lo pretende la parte actora, como si se tratara de un error judicial".

19 COLOMBIA, Consejo de Estado, Sección Tercera, sentencia de 30 de junio de 1994, expediente 9734. "El Estado es responsable de los perjuicios sufridos por

manera sistemática lo consagrado en el artículo 414 del Código de Procedimiento Penal [vigente para la época decreto 2700 de 1991] y del artículo 90 constitucional, que establecían como supuesto de responsabilidad del estado la privación injusta de la libertad cuando la persona "sea exonerado por sentencia absolutorio [sic] definitiva o su equivalente porque el hecho no existió, el sindicado no lo cometió, o la conducta no constituía hecho punible"[20]. Lo anterior llevó a que la jurisprudencia asociara como un mismo supuesto el error judicial y la privación injusta de la libertad para imputar la responsabilidad del Estado[21].

8.7.- No obstante, en la construcción jurisprudencial se afirmó que el error judicial se producía cuando se incurría en error en la apreciación de los hechos, o por la "desfasada subsunción de la realidad fáctica en la hipótesis normativa", en "una grosera utilización de la normatividad jurídica, en el caso sometido a consideración del juez"[22].

8.8.- Con la entrada en vigencia de la Ley 270 de 1996 [Estatutaria de la Administración de Justicia en Colombia], se produce una "especie" de reglamentación de la cláusula constitucional de responsabilidad del Estado, comprendiendo en su artículo 65[23], que el Estado responde *"por los daños anti-*

---

el actor al ser capturado ilegalmente por agentes de la Policía Nacional. Esa responsabilidad se deriva del hecho de que a través de esa institución se hizo una detención ilegal, porque los detenidos no estaban en situación de flagrancia cuando fueron capturados, ni existía una orden de autoridad competente. Ese procedimiento ilegal de la Policía hizo incurrir en error a la Fiscalía Regional de Valledupar y a la Fiscalía Delegada de Barranquilla, entidades éstas que procedieron a adelantar la investigación correspondiente, con base en los informes rendidos por los agentes de policía que llevaron a cabo la captura y originaron la investigación que culminó con la orden de libertad de los detenidos, ante la comprobación de la inexistencia del hecho punible".

20 COLOMBIA, Consejo de Estado, Sección Tercera, sentencia de 30 de junio de 1994, expediente 9734.

21 COLOMBIA, Consejo de Estado, Sección Tercera, sentencia de 15 de septiembre de 1994, expediente 9391. "[...] el error judicial se debe reparar, no sólo en los casos de una **INJUSTA PRIVACIÓN DE LA LIBERTAD**, sino en todos los eventos en que se demuestre, con fuerza de convicción, la existencia de una manifiesta equivocación".

22 COLOMBIA, Consejo de Estado, Sección Tercera, sentencia de 15 de septiembre de 1994, expediente 9391.

23 ARTÍCULO 65. DE LA RESPONSABILIDAD DEL ESTADO. El Estado responderá patrimonialmente por los daños antijurídicos que le sean imputables, causados por la acción o la omisión de sus agentes judiciales. En los términos

jurídicos que le sean imputables, causados por la acción u omisión de sus agentes judiciales", consagrándose como fundamentos para la imputación en el segundo inciso de la misma norma al *"defectuoso funcionamiento de la administración de justicia*, al *"error jurisdiccional"* y a la *"privación injusta de la libertad"*. En cuanto al *"error jurisdiccional"* lo comprende como *"aquel cometido por una autoridad investida de facultad jurisdiccional"* durante el curso de un proceso y que se materializa en una *"providencia contraria a la ley"* [artículo 66[24]-[25]]. Para que opere este fundamento, la ley estatutaria establece dos presupuestos: (1) que se hayan presentado los recursos de ley; y (2) que la providencia se encuentre en firme [artículo 67]. Para el caso de la privación injusta de la libertad la ley estatutaria consagra un régimen objetivo [artículo 68[26]]. Finalmente, como fundamento residual queda el defectuoso funcionamiento de la administración de justicia para aquellos eventos en los que el daño antijurídico se produce como consecuencia del ejercicio de la función jurisdiccional [artículo 69[27]]. Como dos singularidades de esta "especie" de reglamentación, se considera como eximente de responsabilidad encuadrable en este régimen a la "culpa exclusiva de la víctima" que opera en dos supuestos: (1) cuando aquella actúa con dolo o culpa grave; y, (2) cuando no haya presentado los recursos de ley [artículo 70]. El otro elemento singular lo ofrece la responsabilidad personal que se establece respecto del funcionario y empleado judicial en el evento de haber sido condenado el Estado a la reparación del daño antijurídico siempre

---

del inciso anterior el Estado responderá por el defectuoso funcionamiento de la administración de justicia, por el error jurisdiccional y por la privación injusta de la libertad.

24 ARTÍCULO 66. ERROR JUDICIAL. "Es aquel cometido por una autoridad investida de facultad jurisdiccional, en su carácter de tal, en el curso de un proceso, materializado a través de una providencia contraria a la ley".

25 ARTÍCULO 67. PRESUPUESTOS DEL ERROR JURISDICCIONAL. El error jurisdiccional se sujetará a los siguientes presupuestos: 1. El afectado deberá haber interpuesto los recursos de ley en los eventos previstos en el artículo 70, excepto en los casos de privación de la libertad del imputado cuando ésta se produzca en virtud de una providencia judicial. 2. La providencia contentiva de error deberá estar en firme.

26 ARTÍCULO 68. PRIVACIÓN INJUSTA DE LA LIBERTAD. Quien haya sido privado injustamente de la libertad podrá demandar al Estado reparación de perjuicios.

27 ARTÍCULO 69. DEFECTUOSO FUNCIONAMIENTO DE LA ADMINISTRACIÓN DE JUSTICIA. Fuera de los casos previstos en los artículos 66 y 68 de esta ley, quien haya sufrido un daño antijurídico, a consecuencia de la función jurisdiccional tendrá derecho a obtener la consiguiente reparación.

que demuestre el dolo o la culpa grave[28] [artículo 71]. De esta forma el legislador tipificó algunas de las formas en que puede presentarse la atribución de la responsabilidad extracontractual a la Nación -Rama Judicial[29], sin excluir, porque no le era dable, las demás hipótesis fundadas en el desconocimiento o vulneración del orden convencional que protege los derechos humanos específicamente aquellos referidos con la administración de justicia [v.gr., acceso a la justicia –tutela judicial efectiva–, debido proceso, derecho de defensa, derecho al buen nombre y al honor, libre desarrollo de la personalidad, etc.].

8.9.- Es en la anterior configuración normativa y constitucional que en Colombia se puede afirmar que la responsabilidad del Estado-administración de justicia se estructura bajo tres supuestos, y se afirma la apertura convencional de un cuarto. Estos son: (1) privación injusta de la libertad; (2) error judicial; (3) defectuoso funcionamiento de la administración de justicia; y, (4) el indebido, deficiente u omisivo acceso a la administración de justicia.

9.- Ahora bien, este régimen de responsabilidad ha llevado a la jurisprudencia del Consejo de Estado a armonizar lo establecido en la Ley 270 de 1996 con lo consagrado en el artículo 86 del Código Contencioso Administrativo [Decreto 01 de 1984], y en la actualidad con el artículo 140 del Código de Procedimiento Administrativo y de lo Contencioso Administrativo [artículo 140 de la Ley 1437 de 2011], relacionado con la acción de reparación directa y las causas de su ejercicio -hechos u omisiones, entre otros-, concluyéndose, ontológicamente, que la jurisdicción de lo contencioso administrativo tiene competencia para conocer sobre los juicios de responsabilidad del Estado por

---

28 La norma afirma tres caso: "1. La violación de normas de derecho sustancial o procesal, determinada por error inexcusable. 2. El pronunciamiento de una decisión cualquiera, restrictiva de la libertad física de las personas, por fuera de los casos expresamente previstos en la ley o sin la debida motivación. 3. La negativa arbitraria o el incumplimiento injustificado de los términos previstos por la ley procesal para el ejercicio de la función de administrar justicia o la realización de actos propios de su oficio, salvo que hubiere podido evitarse el perjuicio con el empleo de recurso que la parte dejó de interponer".

29 Previo al desarrollo de la responsabilidad patrimonial del Estado por las acciones y omisiones de la rama judicial efectuado en la Ley 270 de 1996, en el año 1991 se expidieron normas que regularon algunos de los daños que se podrían causar en ejercicio de la función jurisdiccional, tales como los artículos 242 y 414 del Decreto Ley 2700 de 1991, Código de Procedimiento Penal. En el primero de estos, se previeron los efectos de la cesación de procedimiento o sentencia absolutoria proferida en ejercicio de la llamada "acción de revisión" de la sentencia penal y en el artículo 414 se reguló la responsabilidad que surge por la privación injusta de la libertad.

toda la amalgama de actividades que están en cabeza de la Administración de justicia[30], debido a que éste se origina en la actividad de una entidad pública[31].

10.- Establecida la construcción y evolución del régimen de responsabilidad del Estado-administración de justicia, se estudia sus fundamentos convencionales con el objeto de determinar el alcance e influjo en la más reciente jurisprudencia de la Sección Tercera y de las Sub-secciones del Consejo de Estado.

---

30 La jurisprudencia fue inicialmente, renuente a reconocer la responsabilidad del Estado por daños derivados de las acciones y omisiones de la Rama Judicial. Seguidamente la aceptó cuando se fundaba en el defectuoso funcionamiento de la función judicial, esto es cuando en cumplimiento de la función de administrar justicia se incumplían los imperativos correspondientes, revelados en acciones u omisiones del juez o de los funcionarios vinculados con ese deber. Posteriormente se abordó su análisis por los perjuicios derivados de la privación injusta de la libertad, en aplicación de las normas que reglaron la materia, para hoy, conocer y decidir las pretensiones fundadas en diversas acciones y omisiones de los miembros de la Rama Judicial. La resistencia inicial a admitir la responsabilidad patrimonial del Estado por daños derivados del error judicial, se fundó en la protección del principio de la cosa juzgada y en la consideración de que el daño proveniente de un error de la rama judicial, no comprometía la responsabilidad del Estado porque era un riesgo a cargo del administrado, "una carga pública a cargo de todos los asociados." Se afirmó también que dicha responsabilidad era improcedente en aplicación de las normas y principios que consagran la seguridad jurídica, quedando a salvo únicamente la posibilidad de que se demandara la responsabilidad personal del juez en los términos previstos en el artículo 40 del C.P.C. esto es, por errores inexcusables. De manera excepcional se declaró la responsabilidad del Estado por error judicial a condición de se que se presentara una vía de hecho. Si bien es cierto que la Constitución de 1886, vigente a la fecha en que se produjeron los hechos en que sustenta este proceso, no reguló expresamente la responsabilidad patrimonial el Estado por los daños derivados de sus acciones u omisiones, la jurisprudencia, al efecto, tomó en cuenta lo dispuesto en los artículos 2°, 16 y 30, que consagraban el principio de legalidad, el deber del Estado de proteger la vida, honra y bienes de los ciudadanos y la garantía de la propiedad privada y de los demás derechos adquiridos con justo título. (Consejo de Estado, sentencia de 5 de diciembre de 2007, Exp. 15.128)

31 COLOMBIA. Consejo de Estado, Sección Tercera, sentencia de 29 de noviembre de 2004, expediente 14774.

I.
CONVENCIONALIDAD: VULNERACIÓN DE LA TUTELA JUDICIAL EFECTIVA; RESPONSABILIDAD DEL ESTADO Y DE CORTES INTERNACIONALES

A. Convencionalidad y Responsabilidad del Estado administración de justicia

11.- En el moderno derecho constitucional y en el administrativo, en la construcción de la responsabilidad patrimonial del Estado lo relevante es la "*víctima*" y no la actividad del Estado[32], ya que prima la tutela de la dignidad humana, el respeto de los derechos convencional y constitucionalmente reconocidos, y de los derechos humanos. Su fundamento se encuentra en la interpretación sistemática del preámbulo, de los artículos 1, 2, 4, 13 a 29, 90, 93 y 229 de la Carta Política, y en el ejercicio de un control de convencionalidad de las normas, que exige del juez contencioso observar y sustentar el juicio de responsabilidad en los instrumentos jurídicos internacionales [tratados, convenios, acuerdos, etc.] de protección de los derechos humanos[33], del derecho

---

32 SANTOFIMIO GAMBOA, Jaime Orlando. *Tratado de Derecho Administrativo. Derecho de víctimas y Responsabilidad del Estado*, ob., cit.

33 FERRER MAC-GREGOR, Eduardo, "Reflexiones sobre el control difuso de convencionalidad a la luz del caso *Cabrera García y Montiel Flores vs. México*", en *Boletín Mexicano de Derecho Comparado*, N° 131, 2011, p. 920: al analizar el caso *Cabrera García y Montiel contra México de la Corte Interamericana de Derechos Humanos*, Ferrer Mac-Gregor consideró: "La actuación de los órganos nacionales (incluidos los jueces), además de aplicar la normatividad que los rige en sede doméstica, tienen la obligación de seguir los lineamientos y pautas de aquellos pactos internacionales que el Estado, en uso de su soberanía, reconoció expresamente y cuyo compromiso internacional asumió. A su vez, la jurisdicción internacional debe valorar la legalidad de la detención a la luz de la normatividad interna, debido a que la propia Convención Americana remite a la legislación nacional para poder examinar la convencionalidad de los actos de las autoridades nacionales, ya que el artículo 7.2 del Pacto de San

José remite a las 'Constituciones Políticas de los Estados partes o por las leyes dictadas conforme a ellas' para poder resolver sobre la legalidad de la detención como parámetro de convencionalidad. Los jueces nacionales, por otra parte, deben cumplir con los demás supuestos previstos en el propio artículo 7 para no violentar el derecho convencional a la libertad personal, debiendo atender de igual forma a la interpretación que la Corte IDH ha realizado de los supuestos previstos en dicho numeral". La Corte Interamericana de Derechos Humanos en el caso *Almonacid Arellano contra Chile* argumentó: "124. La Corte es consciente [de] que los jueces y tribunales internos están sujetos al imperio de la ley y, por ello, están obligados a aplicar las disposiciones vigentes en el ordenamiento jurídico. Pero cuando un Estado ha ratificado un tratado internacional como la Convención Americana, sus jueces, como parte del aparato del Estado, también están sometidos a ella, lo que les obliga a velar por que los efectos de las disposiciones de la Convención no se vean mermados por la aplicación de leyes contrarias a su objeto y fin, y que desde un inicio carecen de efectos jurídicos. En otras palabras, el Poder Judicial debe ejercer una especie de 'control de convencionalidad' entre las normas jurídicas internas que aplican en los casos concretos y la Convención Americana sobre Derechos Humanos. En esta tarea, el Poder Judicial debe tener en cuenta no solamente el tratado, sino también la interpretación que del mismo ha hecho la Corte Interamericana, intérprete última de la Convención Americana": caso *Almonacid Arellano vs. Chile. Excepciones Preliminares, Fondo, Reparaciones y Costas*. Sentencia de 26 de septiembre de 2006, serie C, N° 154, párrs. 123 a 125. En tanto que en el caso *Cabrera García y Montiel contra México la Corte Interamericana de Derechos Humanos* consideró: "Este Tribunal ha establecido en su jurisprudencia que es consciente [de] que las autoridades internas están sujetas al imperio de la ley y, por ello, están obligadas a aplicar las disposiciones vigentes en el ordenamiento jurídico. Pero cuando un Estado es parte de un tratado internacional como la Convención Americana, todos sus órganos, incluidos sus jueces, también están sometidos a aquél, lo cual les obliga a velar por que los efectos de las disposiciones de la Convención no se vean mermados por la aplicación de normas contrarias a su objeto y fin. Los jueces y órganos vinculados a la administración de justicia en todos los niveles están en la obligación de ejercer ex officio un 'control de convencionalidad' entre las normas internas y la Convención Americana, evidentemente en el marco de sus respectivas competencias y de las regulaciones procesales correspondientes. En esta tarea, los jueces y órganos judiciales vinculados a la administración de justicia deben tener en cuenta no solamente el tratado, sino también la interpretación que del mismo ha hecho la Corte Interamericana, intérprete última de la Convención Americana": Corte Interamericana de Derechos Humanos, caso *Cabrera García y Montiel Flores vs. México. Excepciones Preliminares, Fondo, Reparaciones y Costas*. Sentencia de 26 de noviembre de 2010, párrs. 12 a 22.

internacional humanitario, y de los principios y reglas de *ius cogens*, bien sea que se encuentren incorporados por ley al ordenamiento jurídico nacional, o que su aplicación proceda con efecto directo atendiendo a su carácter de *ius cogens* y su efecto *erga omnes*.

12.- Aparece aquí la idea kantiana -Paz Perpetua 1795- de convencionalidad[34] como concepto amplio, omnicomprensivo y complejo en el ámbito del derecho, que involucra, dada su configuración, un claro e inobjetable elemento amplificador del ordenamiento jurídico vigente en cada Estado[35], no solo por el hecho de la pertenencia de estos a la comunidad internacional[36], sino también por estar ligados a ella, a través de instrumentos jurídicos vinculantes como pueden ser, entre otros, los tratados y convenciones internacionales

---

34 NOUR Soraya, *Á paz perpétua de Kant, Filosofia do direito internacional e das relações internacionais*, WMF Martinsfontes, São Paulo, 2013, pp.57 a 185. VILLAR BORDA Luis, *La paz en la doctrina del derecho de Kant, Universidad Externado de Colombia*, serie de teoría jurídica y filosofía del derecho, No 3, 1996, pp. 13 a 18.

35 SANTOFIMIO GAMBOA Jaime Orlando, *El concepto de convencionalidad, vicisitudes para su construcción sustancial en el sistema interamericano de derechos humanos. Ideas fuerza rectoras.*, ob., cit.

36 HABERMAS, Jürgen, "La idea kantiana de la paz perpetua. Desde la distancia histórica de 200 años", en HABERMAS, Jürgen, *La inclusión del otro. Estudios de teoría política*, 7ª impresión, Paidós, Barcelona 2013, p. 147. "[...] La <<paz perpetua>>, por la que el abate de Saint-Pierre había hecho votos, representa para Kant un ideal gracias al cual puede presentarse atractivo y fuerza visible a la idea del orden cosmopolita. Con ella Kant introduce en la teoría del derecho una tercera dimensión, una innovación de gran trascendencia: junto al derecho estatal y al derecho internacional coloca el derecho cosmopolita. El orden republicano de un Estado constitucional democrático basado en los derechos humanos no sólo requiere un débil control -en términos del derecho internacional- de las relaciones entre los puebles dominadas por las guerras. El orden jurídico en el interior de los Estados debe, más bien, culminar en un orden jurídico global que congregue a los pueblos y elimine las guerras". KANT, Immanuel, *Ideas para una historia universal en clave cosmopolita y otros escritos sobre filosofía de la historia*, Tecnos, Madrid, 1987, p. 95. "[...] La idea de una constitución en consonancia con los derechos naturales del hombre, a saber, que quienes obedecen la ley deben ser al mismo tiempo legisladores, está en la base de todas las formas políticas, y la comunidad conforme a ella [...] se la denomina ideal platónico, no es una vana quimera, sino la norma eterna para cualquier constitución civil en general, y aleja toda guerra".

de todo orden[37] [se acude aquí a la aplicación de las reglas de la Convención de Viena de 1969, artículos 26[38], 27[39], 31[40] y 53[41]].

---

37 JINESTA L., Ernesto, "Control de convencionalidad ejercido por los Tribunales y las Salas Constitucionales", en FERRER MAC-GREGOR, Eduardo (Coord), *El control difuso de convencionalidad. Diálogo entre la Corte Interamericana de Derechos Humanos y los jueces nacionales,* Fundación Universitaria de Derecho Administración y Política S.C., p. 3. "[...] El control de convencionalidad implica la necesidad de despojarse de una serie importante de lastres histórico-dogmáticos muy arraigados en la ciencia jurídica, derribar una serie de mitos (*v.gr.* la supremacía exclusiva de la Constitución) y, en definitiva, un nuevo paradigma del Derecho Público de los países del sistema interamericano".

38 Convención de Viena sobre el derecho de los tratados, U.N. Doc A/CONF.39/27 (1969), 23 de mayo de 1969. "Artículo 26. **"Pacta sunt servanda"**. Todo tratado en vigor obliga a las partes y debe ser cumplido por ellas de buena fe".

39 Convención de Viena sobre el derecho de los tratados, U.N. Doc A/CONF.39/27 (1969), 23 de mayo de 1969. "Artículo 27. **El derecho interno y la observancia de los tratados**. Una parte no podrá invocar las disposiciones de su derecho interno como justificación del incumplimiento de un tratado. Esta norma se entenderá sin perjuicio de los dispuesto en el artículo 46".

40 Convención de Viena sobre el derecho de los tratados, U.N. Doc A/CONF.39/27 (1969), 23 de mayo de 1969. "Artículo 31. **Regla general de interpretación**. I. Un tratado deberá interpretarse de buena fe conforme al sentido corriente que haya de atribuirse a los términos del tratado en el contexto de estos y teniendo en cuenta su objeto y fin. 2 Para los efectos de la interpretación de un tratado, el contexto comprenderá, además del texto, incluidos su preámbulo y anexos: a) todo acuerdo que se refiera al tratado y haya sido concertado entre todas las partes con motivo de la celebración del tratado: b) todo instrumento formulado por una o más partes con motivo de la celebración del tratado y aceptado por las demás como instrumento referente al tratado; 3. Juntamente con el contexto, habrá de tenerse en cuenta: a) todo acuerdo ulterior entre las partes acerca de la interpretación del tratado o de la aplicación de sus disposiciones: b) toda práctica ulteriormente seguida en aplicación del tratado por la cual conste el acuerdo de las partes acerca de la interpretación del tratado: c) toda forma pertinente de derecho internacional aplicable en las relaciones entre las partes. 4. Se dará a un término un sentido especial si consta que tal fue la intención de las partes".

41 Convención de Viena sobre el derecho de los tratados, U.N. Doc A/CONF.39/27 (1969), 23 de mayo de 1969. "Artículo 53. **Tratados que están en oposición con una norma imperativa de derecho internacional general ("jus cogens")**. Es nulo todo tratado que, en el momento de su celebración

12.1.- El control de convencionalidad[42] es una manifestación de lo que se ha dado en denominar la constitucionalización del derecho internacional, que tiene como una de sus expresiones al "control difuso de convencionalidad," e implica el deber de todo juez nacional de "realizar un examen de compatibilidad entre las disposiciones y actos internos que tiene que aplicar a un caso concreto, con los tratados internacionales y la jurisprudencia de la Corte Interamericana de Derechos Humanos"[43] [la convencionalidad se comprende objetiva -control difuso- que implica confrontar las normas del ordenamiento jurídico interno con la Convención Americana de Derechos Humanos y demás instrumentos del sistema universal e interamericano de

esté en oposición con una norma imperativa de derecho internacional general. Para los efectos de la presente Convención, una norma imperativa de derecho internacional general es una norma aceptada y reconocida por la comunidad internacional de Estados en su conjunto como norma que no admite acuerdo en contrario y que sólo puede ser modificada por una norma ulterior de derecho internacional general que tenga el mismo carácter".

42 *Cfr.* SANTOFIMIO GAMBOA, Jaime Orlando. "La cláusula constitucional de la responsabilidad del Estado: Estructura, régimen y el principio de convencionalidad como pilar de su construcción dogmática", en BREWER CARÍAS, Allan R., SANTOFIMIO GAMBOA, Jaime Orlando (Autores). *Control de Convencionalidad y Responsabilidad del Estado*, 1 ed. Universidad Externado de Colombia, Bogotá, 2013, p. 175-181

43 "Lo anterior implica reconocer la fuerza normativa de tipo convencional, que se extiende a los criterios jurisprudenciales emitidos por el órgano internacional que los interpreta. Este nuevo tipo de control no tiene sustento en la CADH, sino que deriva de la evolución jurisprudencial de la Corte Interamericana de Derechos Humanos". FERRER MAcGREGOR, Eduardo. "El control difuso de convencionalidad en el estado constitucional", en [http://biblio.juridicas.unam.mx/libros/6/2873/9.pdf; consultado 9 de febrero de 2014]. BREWER-CARÍAS, Allan Randoplh, "Derecho administrativo y el control de convencionalidad", en *Revista de la Facultad de Derecho de México*, V.67, N° 268, 2017, pp.107-144. ARMAND-UGON, Sofía Maurir, "El control de convencionalidad. Un concepto de creación jurisprudencial", en *Revista de Derecho*, Año 17, N° 34, 2018, pp.79-88. "La convencionalidad se entiende como el control que debe ejercer el juez al cuidar la observancia y el arreglo que todos los actos y circunstancias deberían tener con respecto a los tratados, hecho que, por supuesto, termina incluyéndolo también a él mismo, dado que sus resoluciones y sentencias deben igualmente mantener tal adhesión". ACOSTA YPARARAGUIRRE, Eduardo, "El problema genético del concepto de convencionalidad", en *Díkaion: Revista de Actualidad Jurídica*, V.29, N° 1, 2020, pp.165-201.

protección de los derechos humanos, tanto en su configuración, aplicación e interpretación[44]; y la subjetiva cuyo alcance comprende la asunción y con-

44 Corte Interamericana de Derechos Humanos, *caso Casa Nina vs. Perú*, sentencia de 24 de noviembre de 2020, párrafo 139.
"[...] las distintas autoridades estatales, incluidos los jueces y órganos vinculados a la administración de justicia, están en la obligación de ejercer *ex officio* un control de convencionalidad entre las normas internas y la Convención Americana, evidentemente en el marco de sus respectivas competencias y de las regulaciones procesales correspondientes; en esta tarea, las autoridades internas deben tener en cuenta no solamente el tratado, sino también la interpretación que del mismo ha hecho la Corte Interamericana, intérprete última de la Convención Americana". Corte Interamericana de Derechos Humanos, *caso Olivares Muñoz y otros vs. Venezuela*, sentencia de 10 de noviembre de 2020, párrafo 172. "[...] De esta cuenta, con independencia de las reformas legales que el Estado deba adoptar, deviene imperativo que las autoridades ajusten su interpretación normativa a los principios establecidos en la jurisprudencia de este Tribunal". Corte Interamericana de Derechos Humanos, *caso Fernández Prieto y Tumbeiro vs Argentina*, sentencia de 1 de septiembre de 2020, párrafos 99, 100, 122. "La Corte recuera que el artículo 2 de la Convención contempla el deber general de los Estados Partes de adecuar su derecho interno a las disposiciones de la misma para garantizar los derechos en ella consagrados. Este deber implica la adopción de medidas en dos vertientes. Por una parte, la supresión de las normas y prácticas de cualquier naturaleza que entrañen violación a las garantías previstas en la Convención. Por otra, la expedición de normas y el desarrollo de prácticas conducentes a la efectiva observancia de dichas garantías. Precisamente, respecto a la adopción de dichas medidas, esta Corte ha reconocido que todas las autoridades de un Estado Parte en la Convención tienen la obligación de ejercer un control de convencionalidad, de forma tal que la interpretación y aplicación del derecho nacional sea consistente con las obligaciones internacionales del Estado en materia de derechos humanos". Por ejemplo, en "creación y aplicación de las normas que faculten a la policía a realizar detenciones sin orden judicial, las autoridades internas están obligadas a realizar un control de convencionalidad tomando en cuenta las interpretaciones de la Convención Americana realizadas por la Corte Interamericana respecto a las detenciones sin orden judicial". Corte Interamericana de Derechos Humanos, *caso Díaz Loreto y otros vs Venezuela*, sentencia de 19 de noviembre de 2019, párrafo 63. Corte Interamericana de Derechos Humanos, *caso Mujeres víctimas de tortura sexual en Atenco vs. México*, sentencia de 28 de noviembre de 2018, párrafos 163 y 250. Corte Interamericana de Derechos Humanos, *caso Andrade Salmón vs Bolivia*, sentencia de 1 de diciembre de 2016, párrafos 94 y 102. Corte Interamericana de Derechos Humanos, *caso García Ibarra vs Ecuador*, sentencia de 17 de noviembre de 2015, párrafo 103. Corte Interamericana de Derechos Humanos, *caso Radilla*

frontación de la actividad estatal, en todos sus órdenes, con los estándares fijados convencionalmente para la protección de los derechos humanos y del derecho internacional humanitario][45].

12.2.- Si bien como construcción jurídica el control de convencionalidad parece tener su origen en la sentencia proferida por la Corte Interamericana de Derechos Humanos en el "caso *Almonacid Arellano y otros vs Chile*,"[46] lo cierto es que desde antes del 2002,[47] e incluso en la jurisprudencia de los años noventa de la misma Corte ya se vislumbraban ciertos elementos de la convencionalidad [en su dos dimensiones, llegando incluso a servir de herramienta para ampliar la interpretación de institutos jurídicos no definidos en el sistema interamericano de derechos humanos como la desaparición forzada en el caso *Velásquez Rodríguez vs. Honduras*, de 1988[48]]. La convencionalidad,

---

Pacheco vs. Estado Unidos Mexicanos, sentencia de 23 de noviembre de 2009, párrafo 247: a la justicia, contenidos en el artículo 8.1 de la Convención Americana y las normas pertinentes de la Constitución mexicana".

45 SANTOFIMIO GAMBOA Jaime Orlando, *El concepto de convencionalidad, vicisitudes para su construcción sustancial en el sistema interamericano de derechos humanos. Ideas fuerza rectoras*, ob., cit.

46 Corte Interamericana de Derechos Humanos, caso *Almonacid Arellano y otros vs. Chile*, sentencia de 26 de septiembre de 2006.

47 "[...] El control de convencionalidad que deben realizar en el sistema del Pacto de San José de Costa Rica los jueces nacionales, parte de una serie de votos singulares del juez de la Corte Interamericana Sergio García Ramírez, *v.gr.*, en los casos *Myrna Mack Chang* (25 de noviembre de 2003, considerando 27) y Tibi (7 de septiembre de 2004, considerandos 3 y 4)". SAGÜÉS, Néstor Pedro, "El control de convencionalidad en el sistema interamericano, y sus anticipos en el ámbito de los derechos económico-sociales, concordancias y diferencias con el sistema europeo", en [http:// biblio.juridicas.unam.mx/libros/7/3063/16.pdf; consultado el 9 de febrero de 2014].

48 Corte Interamericana de Derechos Humanos, caso *Velásquez Rodríguez vs. Honduras*, sentencia de 29 de julio de 1988, párrafo 153: "Si bien no existe ningún texto convencional en vigencia, aplicable a los Estados Partes en la Convención, que emplee esta calificación, la doctrina y la práctica internacionales han calificado muchas veces las desapariciones como un delito contra la humanidad (*Anuario Interamericano de Derechos Humanos*, 1985, pp. 369, 687 y 1103). La Asamblea de la OEA ha afirmado que "es una afrenta a la conciencia del Hemisferio y constituye un crimen de lesa humanidad" (AG/RES.666, **supra**). También la ha calificado como "un cruel e inhumano procedimiento con el propósito de evadir la ley, en detrimento de las normas que garantizan la protección contra la detención arbitraria y el derecho a la seguridad e integridad personal" (AG/RES. 742, **supra**).

además, está dirigida a todos los poderes públicos del Estado,[49] [incluso a instancias de modelos de consolidación de paz por leyes de amnistía, reconciliación o de configuración de justicia transicional[50]] aunque en su formulación inicial se señalaba que eran los jueces los llamados a ejercerlo[51].

---

49 Corte Interamericana de Derechos Humanos, caso *Almonacid Arellano y otros vs. Chile*, sentencia de 26 de septiembre de 2006, párrafo 123: "El cumplimiento por parte de agentes o funcionarios del Estado de una ley violatoria de la Convención produce responsabilidad internacional del Estado, y es un principio básico del derecho de la responsabilidad internacional del Estado, recogido en el derecho internacional de los derechos humanos, en el sentido de que todo Estado es internacionalmente responsable por actos u omisiones de cualesquiera de sus poderes u órganos en violación de los derechos internacionales consagrados, según el artículo 1.1 de la Convención Americana". Corte Interamericana de Derechos Humanos, *caso Masacres de El Mozote y lugares aledaños vs. El Salvador*, sentencia de 25 de octubre de 2012, párrafo 318. "[...] Esta obligación vincula a todos los poderes y órganos estatales en su conjunto, los cuales se encuentran obligados a ejercer un control "de convencionalidad" *ex officio* entre las normas internas y la Convención Americana, evidentemente en el marco de sus respectivas competencias y de las regulaciones procesales correspondientes". Corte Interamericana de Derechos Humanos, *caso de personas dominicanas y haitianas expulsadas vs. República Dominicana*, sentencia de 28 de agosto de 2014, párrafo 497. "Finalmente, esta Corte considera pertinente recordar, sin perjuicio de lo ordenado, que en el ámbito de su competencia <<todas las autoridades y órganos de un Estado Parte en la Convención tienen la obligación de ejercer un control de convencionalidad>>". Corte Interamericana de Derechos Humanos, *caso Masacre de Santo Domingo vs. Colombia*, sentencia de 30 de noviembre de 2012, párrafo 142.

50 Corte Interamericana de Derechos Humanos, *caso Rochac Hernández y otros vs. El Salvador*, sentencia de 14 de octubre de 2014, párrafo 213. "Además, ha dispuesto en el *Caso de las Masacres de El Mozote y lugares aledaños* que el Estado debe asegurar que la *Ley de Amnistía General para la Consolidación de la Paz* no vuelva a representar un obstáculo para la investigación de los hechos materia del presente caso ni para la identificación, juzgamiento y eventual sanción de los responsables de los mismos y de otras graves violaciones de derechos humanos similares acontecidas durante el conflicto armado en El Salvador. Esta obligación vincula a todos los poderes y órganos estatales en su conjunto los cuales se encuentran obligados a ejercer un control "de convencionalidad" *ex officio* entre las normas internas y la Convención Americana, evidentemente en el marco de sus respectivas competencias y de las regulaciones procesales correspondientes...".

51 Corte Interamericana de Derechos Humanos, *caso Trabajadores cesados del Congreso (Aguado Alfaro y otros) vs. Perú*, sentencia de 24 de noviembre de 2006,

13.- En esta línea de pensamiento la convencionalidad es esencialmente una estructura sustancial y material de derecho, nutrida de valores, principios, valores y reglas imperativas y preponderantes, surgida del hecho natural de la existencia misma de un conjunto de naciones (y del sistema universal de derecho)[52], así como del ejercicio pleno de la buena fe[53] objetiva

---

párrafo 128: "Cuando un Estado ha ratificado un tratado internacional como la Convención Americana, sus jueces también están sometidos a ella, lo que les obliga a velar porque el efecto útil de la Convención no se vea mermado o anulado por la aplicación de leyes contrarias a sus disposiciones, objeto y fin. En otras palabras, los órganos del Poder Judicial deben ejercer no sólo un control de constitucionalidad, sino también "de convencionalidad" *ex officio* entre las normas internas y la Convención Americana, evidentemente en el marco de sus respectivas competencias y de las regulaciones procesales correspondientes. Esta función no debe quedar limitada exclusivamente por manifestaciones o actos de los accionantes en cada caso concreto, aunque tampoco implica que ese control debe ejercerse siempre, sin considerar otros presupuestos formales y materiales de admisibilidad y procedencia de ese tipo de acciones". Corte Interamericana de Derechos Humanos, *caso Boyce y otros vs. Barbados*, sentencia de 20 de noviembre de 2007, párrafo 77. "77. La Corte observa que el CJCP [Comité Judicial del Consejo Privado] llegó a la conclusión mencionada anteriormente a través de un análisis puramente constitucional, en el cual no se tuvo en cuenta las obligaciones que tiene el Estado conforme a la Convención Americana y según la jurisprudencia de esta Corte. De acuerdo con la Convención de Viena sobre la Ley de Tratados, Barbados debe cumplir de buena fue con sus obligaciones bajo la Convención Americana y no podrá invocar las disposiciones de su derecho interno como justificación para el incumplimiento de dichas obligaciones convencionales".

52 SANTOFIMIO GAMBOA Jaime Orlando, *El concepto de convencionalidad, vicisitudes para su construcción sustancial en el sistema interamericano de derechos humanos. Ideas fuerza rectoras*, ob., cit.

53 SORENSEN, Max, *Manual de derecho internacional público*, 1ª ed, 12 reimp., Fondo de Cultura Económica, México, 2011, pp. 158 y 159. "Los Estados y las demás personas internacionales quedan obligadas por los tratados celebrados en forma regular y que hayan entrado en vigor: ellos deben cumplirse de buena fe. Este principio, afirmado por la Cata de las Naciones Unidas, se expresa comúnmente por la máxima *pacta sunt servanda*, lo que quiere decir, literalmente, "los tratados deben ser cumplidos" (...) ¿Cuál es la naturaleza de este principio? Si bien todos los escritores reconocen su existencia, así como su importancia, no siempre convienen en cuanto a su naturaleza. Para algunos es una regla del derecho natural; para otros, un principio general de derecho; y todavía para otros, una regla consuetudinaria". VERDROSS, Alfred, *Derecho internacional público*, 5ª ed, 3ª reimp, Aguilar, Madrid, 1973, p. 35.

[<<*pacta sunt servanda*>>[54]] entre ellas, que se hace acompañar de instrumentos adjetivos y procesales para su debida aplicación, el cabal cumplimiento de sus propósitos y el logro de las finalidades que de ella se desprenden, en cada caso, para cada uno de los sectores de la actividad pública o privada en donde deban surtir plenamente sus efectos, configurando esencialmente un todo normativo y de principios que excluye, bajo la concepción monista kelseniana cualquier lectura dualista[55] del ordenamiento jurídico[56] (integra-

---

SORENSEN, Max, *Manual de derecho internacional público, ob., cit.*, pp. 200, 201, 229 y 230. VERDROSS, Alfred, *Derecho internacional público, ob., cit.*, p. 82. "No siendo la comunidad jurídico-internacional una entidad fundada en un señorío, puesto que descansa en la cooperación y el común acuerdo de los Estados, sus normas solo serán eficaces si los Estados cumplen, de buena fe, las obligaciones contraídas. Ya BYNKERSHOEK hizo referencia a ello, cuando escribió: "*Pacta privatorum tuetur ius Gentium, pacta principum bona fides. Hanc si tollis, tollis inter príncipes commercia… quin et tollis ipsum illus Gentium*". En otros términos: si hacemos abstracción del principio de la buena fe, todo el D.I cae por su base (…) Esta idea se manifiesta, asimismo, en la Carta de la O.N.U por cuanto el art. 2°, obliga a todos los miembros a cumplir "de buena fe" los compromisos por ellos contraídos de conformidad con la Carta. Y por ello entiende la comisión competente de la Conferencia de San Francisco, que los tratados no han de interpretarse y aplicarse a la letra, sino según su espíritu". BUERGENTHAL, Thomas; NORRIS, E; SHELTON, Dinah, *La protección de los derechos humanos en las Américas*, Instituto Interamericano de Derechos Humanos, Madrid, 1994, p. 94. "El concepto de *ius cogens* se deriva de una 'orden superior' de normas legales establecidas en tiempos antiguos y que no pueden ser contravenidas por las leyes del hombre o de las naciones. Las normas de *ius cogens* han sido descritas por los publicistas como las que abarcan el 'orden público internacional'".

54 KELSEN, Hans, *El contrato y el tratado analizados desde el punto de vista de la teoría pura del derecho*, Imprenta Universitaria, México, 1943, p. 56. "El fundamento de validez de la convención queda entonces reducido al de la ley o al de la norma consuetudinaria que instituye la convención como situación de hecho creadora de derecho (*pacta sunt servanda*)".

55 KELSEN Hans, *Teoria Geral do Direito e do Estado,* Martins Fontes, São paulo, 2000, pp. 462 a 567. Puede leerse un amplio y detallado análisis de la teoría del derecho internacional en la obra de Kelsen en el excelente trabajo de KUNZ Josef L., " *El derecho internacional en la teoría Kelseniana*". VILLAR BORDA Luis, *"Hans Kelsen y el derecho internacional"*, Derechos y libertades: Revista del Instituto Bartolomé de las Casas, ISSN 1133-0937, Año n° 10, N° 14, 2006, pp. 221-234

56 La concepción dualista, durante mucho tiempo prevalente, considera que el orden jurídico internacional y los ordenamientos nacionales constituyen sistemas independientes y separados que coexisten de forma paralela, de suerte

que un tratado perfeccionado, es decir regularmente ratificado, sólo producirá efectos en el ordenamiento internacional, pues para que resulte imperativamente aplicable en el sistema jurídico de un Estado parte resultará necesario que éste recoja las disposiciones del tratado en una norma nacional -usualmente la ley- o las incorpore por medio de alguna fórmula jurídica que opere la correspondiente recepción. Así opera una auténtica nacionalización del tratado que lo hace aplicable por las autoridades nacionales en su calidad de norma de derecho interno y no como precepto de derecho internacional. La concepción monista, en cambio, se sustenta en la unidad del ordenamiento jurídico, circunstancia que excluye la posibilidad de que exista solución alguna de continuidad entre los órdenes jurídicos internacional y nacionales de los Estados, de forma que dentro de esta concepción la norma internacional se aplica en dichos Estados de manera inmediata, en su condición de tal, esto es sin necesidad de recepción o de transformación en el sistema de cada uno de los Estados parte en el Tratado; entonces, el instrumento internacionalmente perfecto se integra de pleno derecho en el sistema normativo que deben aplicar los operadores jurídicos nacionales y sus disposiciones resultan de imperativa observancia en su condición originaria de preceptos internacionales. En el caso de la Unión Europea -referente indiscutible del modelo de Andino de integración-, como lo ha subrayado el Tribunal de Justicia de las Comunidades Europeas -TJCE-, al indicar que el sistema comunitario, especialmente en la medida en que implica conferir atribuciones de naturaleza normativa a las instituciones que lo integran, sólo puede concordar con el monismo, única concepción compatible con un sistema de integración como el europeo, habida cuenta de que "... al constituir una Comunidad de duración ilimitada, dotada de atribuciones propias, de personalidad, de capacidad jurídica ... y, con más precisión, de poderes reales surgidos de una limitación de competencia o de una transferencia de atribuciones de los Estados a la Comunidad, éstos han limitado, aunque en ámbitos restringidos, sus derechos soberanos y creado de esta manera un cuerpo de derecho aplicable a sus nacionales y a ellos mismos" (TJCE, 15-7-1964, caso *Costa*, as. 6/64, Rec. 1141). La afirmación es particularmente clara: "a diferencia de los tratados internacionales ordinarios, el tratado de la Comunidad Económica Europea ha creado un ordenamiento jurídico propio integrado en el sistema jurídico de los Estados miembros desde la entrada en vigor del tratado y que se impone a sus órganos jurisdiccionales"... De esto hay que deducir que si los Estados miembros son libres de conservar su concepción dualista respecto del derecho internacional, el dualismo, por el contrario, es rechazado de las relaciones Comunidades/Estados miembros y que el derecho comunitario, original o derivado, es inmediatamente aplicable en el ordenamiento jurídico interno de los Estados miembros o, según una fórmula mejor del Tribunal, forma "parte integrante ... del ordenamiento jurídico aplicable en el territorio de cada uno de los Estados miembros"

ción, complementariedad y armonía para la procura de un sistema universal de derecho)

13.1.- Si bien la reciente evolución doctrinal y jurisprudencial identifica la figura en cuestión como *"convencionalidad"* denotando la idea de ordenamiento jurídico derivado de lo acordado entre naciones, la realidad de la conformación material de la misma nos permite sostener, que más que una consecuencia de lo pactado, por (i) convencionalidad se entiende de manera principal un claro derecho internacional de carácter consuetudinario surgido de las relaciones propias de la existencia de las naciones mismas y de su convivencia, así como del reconocimiento al valor supremo que representamos los seres humanos independientemente del contexto nacional al que por accidente nos corresponda pertenecer. La persona en sí misma no es solo una responsabilidad y compromiso directo de los estados, es un interés general y supremo de la humanidad. Precisamente, la convencionalidad permite establecer criterios mínimos e igualitarios de tratamiento y respeto a nivel universal.

13.2.- Lo anterior no obsta para aceptar que (ii) convencionalidad también es la derivada del acuerdo y del pacto internacional que vincula y obliga bajo criterios de preponderancia, sujeción, acatamiento, respeto a los Estados, y que compromete a sus autoridades a que todas las decisiones acordadas deban estar mediadas en cuanto a la interpretación y aplicación del derecho interno por los valores, principios, valores, normas y estándares del convencionales sin que el ordenamiento o normas de derecho interno se opongan, contradigan o reduzcan su eficacia, tal como se desprende de la Convención de Viena de 1969 [Art. 26. Pacta *sunt servanda*[57]; *Art. 27. No in-*

(TJCE, 9.3.1978, caso *Simmenthal*, as. 106/77, Rec. 609), lo que implica tres consecuencias: el derecho comunitario está integrado de pleno derecho en el ordenamiento interno de los Estados, sin necesitar ninguna fórmula especial de introducción; las normas comunitarias ocupan su lugar en el ordenamiento jurídico interno en calidad de derecho comunitario; los jueces nacionales tienen la obligación de aplicar el derecho comunitario". Puede verse: STEINER, Henry J.; ALSTON, Philip; GOODMAN, Ryan, "Vertical interprenetration: International Human Rights Law within States Legal and Political Orders", en STEINER, Henry J.; ALSTON, Philip; GOODMAN, Ryan, *International Human Rights in Context. Law, Politics, Morals*, 3th ed, Oxford University Press, New York, 2007, pp. 1096 a 1099.

57 Convención de Viena Derecho de los Tratados. "Artículo 26.- "*Pacta sunt servanda*". SORENSEN, Max, *Manual de derecho internacional público*, 1ª ed, 12 reimp, Fondo de Cultura Económica, México, 2011, pp. 158 y 159. "Los Estados y las demás personas internacionales quedan obligadas por los tratados cele-

vocación del derecho interno como incumplimiento del tratado[58]*], salvo que aquella cumpla de mejor manera o esté por encima de los estándares materiales que deban imponerse convencionalmente, lo cual no rompe de todas maneras el carácter del derecho convencional*[59].

---

brados en forma regular y que hayan entrado en vigor: ellos deben cumplirse de buena fe. Este principio, afirmado por la Carta de las Naciones Unidas, se expresa comúnmente por la máxima pacta *sunt servanda*, lo que quiere decir, literalmente, "los tratados deben ser cumplidos" (...) ¿Cuál es la naturaleza de este principio? Si bien todos los escritores reconocen su existencia, así como su importancia, no siempre convienen en cuanto a su naturaleza. Para algunos es una regla del derecho natural; para otros, un principio general de derecho; y todavía para otros, una regla consuetudinaria". VERDROSS, Alfred, *Derecho internacional público*, 5ª ed, 3ª reimp, Aguilar, Madrid, 1973, p. 35

58 Convención de Viena Derecho de los Tratados. "Artículo 27".

59 "En atención a las disposiciones contenidas en los ordenamientos jurídicos internos sobre la recepción de las normas convencionales internacionales, cabe dividirlos en ordenamientos jurídicos dualistas y monistas. En los sistemas dualistas no cabe la posibilidad de que los órganos internos apliquen los tratados internacionales mientras que no hayan sido transformados mediante un acto normativo interno, ya que las normas internacionales son irrelevantes en los ordenamientos jurídicos internos. Esta postura tiene su razón de ser en el hecho de que el Derecho internacional y los Derechos internos son concebidos como ordenamientos jurídicos separados e independientes. Desde esta perspectiva, "una norma internacional incorporada a un ordenamiento interno lo será en virtud de algún mandato legal establecido en el ordenamiento interno, pero al incorporarse pierde su naturaleza internacional para convertirse en norma interna. En realidad la norma será internacional por su origen, pero plenamente interna en cuanto a su naturaleza y aplicabilidad" (RODRÍGUEZ CARRIÓN, A.: *Lecciones de Derecho internacional público*, Ed. Tecnos, Madrid, 2002, p. 26). El sistema monista, al contrario que el dualista, proclama la unidad de todos los ordenamientos jurídicos, en tanto que expresiones diferenciadas del fenómeno jurídico, y, por tanto, los tratados internacionales son parte del ordenamiento jurídico interno una vez obligatorios en el ámbito internacional pues, como señala MANGAS MARTÍN, no puede existir "una disociación entre la validez internacional de la norma y la validez interna" (MANGAS MARTÍN, A.: "La recepción del Derecho internacional por los ordenamientos internos", en *Instituciones de Derecho internacional público*, Ed. Tecnos, Madrid, 2003, p. 221). ACOSTA ESTEVEZ, José. "El derecho internacional, el derecho comunitario europeo y el proyecto de constitución europea", en [The Jean Monnet/Robert Schuman Paper Series is produced by the Jean Monnet Chair of the University of Miami, in cooperation with the Miami European Union Center. Vol. 4, N° 3, 2004; http://aei.pitt.edu/ 8117/1/acostafinal.pdf].

13.3.- *La convencionalidad domina en consecuencia el funcionamiento pleno de los poderes públicos de todos los estados y del accionar de todas sus autoridades, penetrando espacios o esferas de acción de la misma bajo criterios de preponderancia y vincularidad, en escenarios de la más variada naturaleza, como los referentes a las decisiones que estas deban tomar en aspectos relativos a los derechos humanos, sociales, políticos, militares, económicos, etc. Precisamente, en la medida en que se trata de garantizar unos mínimos de convivencia, paz y respeto internacional y en relación con todos los asociados, dentro del marco de naciones civilizadas y estados constitucionales que hacen parte de la comunidad internacional*[60].

13.4.- Esta experiencia constructiva de un marco jurídico y de principios se ha consolidado a partir de la reconstrucción jurídica, política y social de la humanidad después de las rupturas violentas de la convivencia internacional y del menosprecio a la condición humana que caracterizó la última centuria. A través de la idea sustancial de convencionalidad se han dado pasos conscientes y firmes en torno a la consolidación de barreras jurídicas forjadas en principios prevalentes y valores superiores derivados de la misma condición humana y la idea de convivencia pacífica sin distinción de fronteras y por encima de consideraciones jurídicas locales[61].

13.5.- El derecho europeo de los derechos humanos, ha sido baluarte significativo en esta construcción. La Corte Europea de Derechos Humanos, por ejemplo, ha venido edificando todo un espectro sustancial de convencionalidad a partir del reconocimiento de un derecho común prevalente y ejerciendo de manera permanente control de convencionalidad, operándolo tanto frente Constituciones, como respecto de leyes de los Estados miembros de la Convención Europea de Derechos Humanos. En ese sentido se puede citar los siguientes casos: a) caso *Open Door y Dublin Well Woman* de 29 de octubre de 1992[62];

---

60 SANTOFIMIO GAMBOA Jaime Orlando, *El concepto de convencionalidad, vicisitudes para su construcción sustancial en el sistema interamericano de derechos humanos. Ideas fuerza rectoras*, ob., cit.

61 SOEDERO, Eduardo R., "Concepto del derecho y estructura del orden jurídico. Una reflexión crítica sobre la actualidad del paradigma kelseniano", en CLÉRICO, Laura; SIECKMANN, Jan (eds), *La teoría del derecho* de Hans Kelsen, 1ª ed, Universidad Externado de Colombia, 2011, p. 171. "[…] muchos tribunales nacionales han tomado nota de la supremacía del derecho internacional, al juzgar actos realizados dentro de sus respectivos estados con sustento ora en los tratados internacionales en materia de derechos humanos, ora en principios de derecho consuetudinario, y haciendo prevalecer sus soluciones por sobre argumentos fundados en normas de derecho interno".

62 Corte Europea de Derechos Humanos, caso Open Door y Dublin Well Woman c. Irlanda, sentencia de 29 de octubre de 1992, "69. […] Ahora bien, si dichas

b) Partie communiste unifié de Turquie, sentencia de 30 de enero de 1998[63]; c) caso *Zielinski et Pradal et Gonzalez* et autres, sentencia de 28 de octubre de 1999[64]; d) caso *Kart contra Turquía*[65]; *e) caso Cudak contra Litua-*

---

autoridades tienen en principio la facultad de elegir las medidas que consideren necesarias para el respeto de la preeminencia del derecho o para dar efecto a derechos constitucionales, deben usarla de una manera conciliable con sus obligaciones en base al Convenio y bajo reserva del control de los órganos de éste". Puede verse: RUIZ MIGUEL, Carlos, *La ejecución de las sentencias del Tribunal Europeo de Derechos Humanos*, Madrid, Tecnos, 1997, p. 42.

63 Cour Européenne des Droits de l'Homme, *Affaire Parti Communiste Unifié de Turquie et autres c. Turquie*, arrêt 30 janvier 1998, "27. La Cour note en revanche qu'une association, fût-ce un parti politique, ne se trouve pas soustraite à l'empire de la Convention par cela seul que ses activités passent aux yeux des autorités nationales pour porter atteinte aux structures constitutionnelles d'un Etat et appeler des mesures restrictives. Comme la Cour l'a déjà dit, si les autorités nationales ont en principe la faculté de choisir les mesures qu'elles jugent nécessaires au respect de la prééminence du droit ou pour donner effet à des droits constitutionnels, elles doivent en user d'une manière conciliable avec leurs obligations au titre de la Convention et sous réserve du contrôle des organes de celle-ci (arrêt Open Door et Dublin Well Woman c. Irlande du 29 octobre 1992, série A n° 246-A, p. 29, § 69)".

64 Cour Européenne des Droits de l'Homme, Affaire Zielinski et Pradal et Gonzalez et autres c. France, Requêtes jointes Nos 24846/94 et 34165/96 à 34173/96, arrêt 28 octobre 1999, "57. La Cour réaffirme que si, en principe, le pouvoir législatif n'est pas empêché de réglementer en matière civile, par de nouvelles dispositions à portée rétroactive, des droits découlant de lois en vigueur, le principe de la prééminence du droit et la notion de procès équitable consacrés par l'article 6 s'opposent, sauf pour d'impérieux motifs d'intérêt général, à l'ingérence du pouvoir législatif dans l'administration de la justice dans le but d'influer sur le dénouement judiciaire du litige (arrêts précités Raffineries grecques Stran et Stratis Andreadis, p. 82, § 49, Papageorgiou, p. 2288, § 37, Building Societies, p. 2363, § 112)". Puede verse en: SUDRE, Frédéric, Droit européen et international des droits de l'homme, 8ème ed, Paris, PUF, 2006, p. 191-2.

65 Cour Européenne des Droits de l'Homme, Affaire Kart c. Turquie, Requête N° 8917/05, arrêt 3 décembre 2009. "79. Il appartient en revance à la Cour de statuer en dernier ressort sur le respect des exigences de la Convention; elle se doit de vérifier que les limitations mises en oeuvre ne restreignent pas le droit de l'individu d'une manière ou à un point tels qu'il s'en trouve atteint dans sa substance même. En outre, àreille limitation ne se concilie avec l'article 6 § 1 que si elle tend à un but légitime et s'il existe un rapport raissonable de proportionnalité entre les moyens employés et le but visé".

nia[66]; *f) caso Kanagaratnam y otros contra Bélgica*[67]; *y, g) caso Michaud contra Francia*[68].

Estas experiencias han servido sin duda como parámetros de reconocimiento, entendimiento y aplicación del concepto dentro del contexto del sistema americano de derechos humanos y los trabajos de la Corte Interamericana de Derechos Humanos.

14.- Dicho lo anterior, cabe afirmar que el reconocimiento, aplicación y consolidación de la convencionalidad en el ordenamiento jurídico colombiano [y su jurisprudencia contencioso administrativa], responde al respeto de la cláusula del Estado Social y Democrático de Derecho y al principio *pro homine*[69], que tanto se promueve en los sistemas internacionales de protección de

---

66 Cour Européenne des Droits de l'Homme, Affaire Cudak c. Lituanie, Requête N° 15869/02, arrêt 23 mars 2010. "66. Par ailleurs, il est bien établi en droit international que, même non ratifiée, une disposition d'un traité peut avoir forcé contraignante si elle reflète le droit international coutumier, soit qu'elle <<codifie>> ce dernier, soit qu'elle donne naissance à de nouvelles règles coutumières".

67 Cour Européenne des Droits de l'Homme, Affaire Kanagaratnam et autres c. Belgique, arrêt 13 décembre 2011. "81. La privation de liberté doit en outre être <<régulière>>. En cette matière, la Convention renvoie pour l'essentiel à la législation nationale et consacre l'obligation d'en observer les normes de fond comme de procédure. S'il incombe au premier chef aux autorités nationales, notamment aux tribunaux, d'interpréter et d'appliquer le droit interne, il en va autrement dans les matières, la méconnaissance du droit interne entraîne celle de la Convention, de sorte que la Cour peut et doit exercer un certain contrôle pour rechercher si le droit interne -dispositions légales ou jurisprudence- a été respecté".

68 Cour Européenne des Droits de l'Homme, Affaire Michaud c. France, arrêt 6 décembre 2012. "103... Les Etats demeurent toutefois entièrement responsables au regard de la Convention de tous les actes ne relevant pas strictement de leurs obligations juridiques internationales, notamment lorsq'ils ont exercé un pouvoir d'appréciation... Par ailleurs, cette présomption peut être renversée dans le cadre d'un affaire donné si l'on estime que la protection des droits garantis para la Convention était entachée d'un insuffisance manifeste; dans un tel cas, le rôle de la Convention en tant qu' <<instrument constitutionnel de l'ordre public européen>> dans le domaine des droits de l'homme le emporterait sur l'intérêt de la coopération internationales".

69 COLOMBIA, Corte Constitucional, sentencia T-191 de 2009. *Cfr.* también Corte Constitucional, sentencias C-177 de 2001, C-148 de 2005 y C-376 de 2010: en la jurisprudencia constitucional colombiana dicho principio se entiende como aquel que "impone aquella interpretación de las normas jurídicas que sea más favorable al hombre y sus derechos, esto es, la prevalencia de aquella inter-

los derechos humanos[70]. Luego, es bajo la convencionalidad que debe realizarse la examinación del régimen de responsabilidad patrimonial de la administración pública de justicia, de manera tal que la concepción del artículo 90 constitucional adquiera su mayor proyección garantista de los derechos que como el acceso a la administración de justicia -tutela judicial efectiva-, debido proceso, derecho de defensa, entre otros, exigen el máximo respeto con base en las obligaciones convencionales y constitucionales[71].

15.- Para poder abordar el tratamiento del régimen de responsabilidad del Estado-administración de justicia es necesario examinar como supuesto central, bajo la primacía de los principios democrático, de dignidad humana y de justicia eficaz que recubren el Estado Social y Democrático de Derechos en la sociedad moderna con mayor exigencia, la garantía del acceso a la justicia o la tutela judicial efectiva.

B. EL ACCESO A LA ADMINISTRACIÓN DE JUSTICIA O LA TUTELA JUDICIAL EFECTIVA COMO PREMISA INICIAL PARA ESTUDIAR LA RESPONSABILIDAD DEL ESTADO-ADMINISTRACIÓN DE JUSTICIA

16.- El modelo garantista de derechos y libertades que impera en el actual Estado Social y Democrático de Derecho exige considerar la responsabilidad patrimonial del Estado-administración de justicia desde el derecho

---

pretación que propenda por el respeto de la dignidad humana y consecuentemente por la protección, garantía y promoción de los derechos humanos y de los derechos fundamentales consagrados a nivel constitucional. Este principio se deriva de los artículos 1° y 2° Superiores, en cuanto en ellos se consagra el respeto por la dignidad humana como fundamento del Estado social de Derecho, y como fin esencial del Estado la garantía de los principios, derechos y deberes consagrados en la Constitución, así como la finalidad de las autoridades de la República en la protección de todas las personas en su vida, honra, bienes y demás derechos y libertades".

70 Corte Interamericana de Derechos Humanos, Opinión Consultiva OC-5/85, "La colegiación obligatoria de periodistas (artículos 13 y 29, Convención Americana de Derechos Humanos", del 13 de noviembre de 1985, Serie A. N° 5, párr. 46: principio que "impone que siempre habrá de preferirse la hermenéutica que resulte menos restrictiva de los derechos establecidos en ellos".

71 SANTOFIMIO GAMBOA, Jaime Orlando. Tratado de Derecho Administrativo. Derecho de víctimas y Responsabilidad del Estado. T. V, 1ª ed, Bogotá, Universidad Externado de Colombia, 2017. GIL BOTERO, Enrique. Tratado de responsabilidad extracontractual del Estado, 1ª ed, Bogotá, Tirant Lo Blanch, 2020.

humano y fundamental sustancial en el que se erige: *el derecho de acceso a la administración de justicia* o *tutela judicial efectiva.*

16.1.- El derecho de acceso a la administración de justicia, o tutela judicial efectiva, tiene una dimensión que no se agota sólo como regla jurídica[72] determinadora del accionar de la justicia y sus agentes o, sino que es necesario concebirlo desde otra perspectiva, teniéndolo, en consecuencia, como un claro e inobjetable mandato de optimización que implica que la administración pública de justicia debe procurar la eficacia de su protección[73], y no su simple instrumentalización dentro del modelo del constitucionalismo contemporáneo[74].

---

72 DWORKIN, Ronald. *Los derechos en serio*. Barcelona, Ariel 1984, pp. 72, 75, 77.

73 Las normas para la protección del derecho de acceso a la administración de justicia tienen un espectro de aplicación fáctico y jurídico ciertamente más amplio que las reglas, siendo esto una cuestión de grado, en cuanto que la tutela judicial efectiva pasa a ser en consecuencia criterio de interpretación adecuada del universo de reglas referidas y aplicables a la administración de justicia y a la actividad de sus agentes. GUASTINI, Riccardo. "Principios de derecho y discrecionalidad judicial", en *Revista Jueces para la Democracia. Información y debate*. N° 34, Marzo, 1999, pp. 38-46, especialmente 44. GUASTINI señala el rol de los principios en este tipo de interpretación: "Los principios influyen en la interpretación de las restantes disposiciones (las que no son principios) alejando a los jueces de la interpretación literal -la más cierta y previsible- y propiciando una interpretación adecuadora [*sic*]". Sobre esto es importante resaltar que la denominada interpretación adecuadora hace referencia a la adecuación de un significado de una disposición conforme a los postulados bien de una norma jerárquicamente superior o de un principio general del derecho. En ambas situaciones esta interpretación se lleva a cabo al entenderse que el legislador respeta la Constitución como los principios generales del derecho. Para esto véase: GUASTINI, Riccardo. *Estudios sobre la interpretación jurídica.* México, Universidad Nacional Autónoma de México. 1999, pp. 47-48.

74 ALEXY, Robert. *El concepto y la validez del derecho*. Barcelona, Gedisa. 2° edición, 2004, p. 162. PRIETO SANCHIS, Luis. *Ley, principios, derechos*. Madrid, Dykinson, 1998, p. 35. "Sirviéndonos de un argumento de Alexy, creo que puede trazarse el siguiente perfil: más principios que reglas; más ponderación que subsunción; más jueces que legislador; y más Constitución que ley. Obviamente, como todo esquema que pretende resumir en cuatro palabras una realidad compleja, se requerirán numerosas matizaciones que aquí tan sólo cabe esbozar. De entrada, más principios (constitucionales) que reglas (legales) no significa que la solución de los conflictos jurídicos pueda ser encomendada en exclusiva a las directivas que emanan de los genéricos principios o derechos fundamentales, sino que éstos han de ser tomados en consideración y que

17.- El marco sustancial convencional deviene de los artículos 1.1, 2, 8.1, 10 y 25 de la Convención Americana de Derechos Humanos que consagra la tutela del derecho de acceso a la justicia. Se destaca, a este respecto, que la Corte Interamericana de Derechos Humanos ha sostenido que la exigencia de garantías judiciales en un proceso se materializa siempre que *"se observen todos los requisitos que "sirv[a]n para proteger, asegurar o hacer valer la titularidad o el ejercicio de un derecho", es decir, las "condiciones que deben cumplirse para asegurar la adecuada defensa de aquéllos cuyos derechos u obligaciones están bajo consideración judicial"* [Opinión consultiva OC-9/87 de 6 de octubre de 1987]. Se trata de la afirmación, en el sistema interamericano de derechos humanos, del principio del derecho internacional público "de la efectividad de los instrumentos o medios procesales destinados a garantizar" los derechos humanos[75].

---

han de serlo, en primer lugar, para someter a juicio previo la propia validez de las leyes relevantes en el caso. Más ponderación que subsunción tampoco significa que ésta deje de ser operativa, sino que en todo caso la aplicación de principios se acomoda a un esquema particular que llamamos ponderación donde dos criterios en conflicto (*v.gr.*, la libertad de expresión y el derecho al honor, como luego se verá) no se anulan ni excluyen con carácter general, sino que han de buscar su peso relativo en cada caso mediante un juicio de razonabilidad o de balance entre argumentos y razones. Más jueces que legislador no representa un llamamiento a prescindir de la tarea legislativa, que sigue siendo fundamental, sino una invitación al control de la misma por parte de quienes únicamente pueden hacerlo, que son los jueces".

75 Corte Interamericana de Derechos Humanos, Opinión Consultiva Oc-9/87, de 6 de octubre de 1987, Garantías judiciales en Estados de emergencia (Arts. 27.2, 25 y 8 Convención Americana de Derechos Humanos), párrafo 24: "El artículo 25.1 incorpora el principio, reconocido en el derecho internacional de los derechos humanos, de la efectividad de los instrumentos o medios procesales destinados a garantizar tales derechos. Como ya la Corte ha señalado, según la Convención "los Estados Partes se obligan a suministrar recursos judiciales efectivos a las víctimas de violación de los derechos humanos (art. 25), recursos que deben ser sustanciados de conformidad con las reglas del debido proceso legal (art. 8.1), todo ello dentro de la obligación general a cargo de los mismos Estados, de garantizar el libre y pleno ejercicio de los derechos reconocidos por la Convención a toda persona que se encuentre bajo su jurisdicción (**Casos *Velásquez Rodríguez, Fairén Garbi y Solís Corrales y Godínez Cruz*, Excepciones Preliminares**, Sentencias del 26 de junio de 1987, párrs. 90, 90 y 92, respectivamente)". Según este principio, la inexistencia de un recurso efectivo contra las violaciones a los derechos reconocidos por la Convención constituye una transgresión de la misma por el Estado Parte en el cual semejante situación tenga lugar. En ese sentido debe subrayarse que, para que tal

17.1.- En su jurisprudencia la Corte Interamericana de Derechos Humanos desde los casos *Velásquez Rodríguez*[76] *y Godínez Cruz*[77] *considera que la eficacia de las garantías judiciales consagradas en el artículo 25 no se limitan a existencia de los recursos judiciales, sino que por virtud de los artículos 1.1 y 2 de la Convención Americana de Derechos Humanos estos deben ser efectivos*[78]*, esto es, adecuarse y dotarse de la eficacia para la finalidad de justicia material para los que fueron concebidos, de manera que pueda resolver la situación jurídica de cada persona con las plenas garantías democráticas [teniendo en cuenta que lo sustancial no la existencia de los recursos judiciales o procesales, sino su eficacia para resolver una situación o circunstancia específica ya que no todos los que operen puedan estar destinados a cumplir o cubrir la misma, luego sería inane exigir eficacia alguna*[79]*]. Lo anterior significa que*

---

recurso exista, no basta con que esté previsto por la Constitución o la ley o con que sea formalmente admisible, sino que se requiere que sea realmente idóneo para establecer si se ha incurrido en una violación a los derechos humanos y proveer lo necesario para remediarla. No pueden considerarse efectivos aquellos recursos que, por las condiciones generales del país o incluso por las circunstancias particulares de un caso dado, resulten ilusorios. Ello puede ocurrir, por ejemplo, cuando su inutilidad haya quedado demostrada por la práctica, porque el Poder Judicial carezca de la independencia necesaria para decidir con imparcialidad o porque falten los medios para ejecutar sus decisiones; por cualquier otra situación que configure un cuadro de denegación de justicia, como sucede cuando se incurre en retardo injustificado en la decisión; o, por cualquier causa, no se permita al presunto lesionado el acceso al recurso judicial".

76 Corte Interamericana de Derechos Humanos, Caso *Velásquez Rodríguez vs. Honduras*, sentencia de 29 de julio de 1988, párrafo 66: "Un recurso debe ser, además, eficaz, es decir, capaz de producir el resultado para el que ha sido concebido".

77 Corte Interamericana de Derechos Humanos, Caso *Godínez Cruz*, sentencia de 20 de enero de 1989, párrafo 66: "El artículo 46.1.a) de la Convención remite "a los principios de Derecho Internacional generalmente reconocidos". Esos principios no se refieren sólo a la existencia formal de tales recursos, sino también a que éstos sean adecuados y efectivos, como resulta de las excepciones contempladas en el artículo 46.2".

78 Corte Interamericana de Derechos Humanos, Caso *Cantos*, sentencia de 28 de noviembre de 2002, párrafo 52. La garantía de un recurso efectivo "constituye uno de los pilares básicos, no solo de la Convención Americana, sino del propio Estado de Derecho en una sociedad democrática en el sentido de la Convención".

79 Corte Interamericana de Derechos Humanos, Caso *Godínez Cruz*, sentencia de 20 de enero de 1989, párrafo 67: "Que sean adecuados significa que la

en el marco de todos los procedimientos, jurisdiccionales y de los recursos procesales que se adelanten por las autoridades estatales es deber indiscutible la preservación de las garantías de orden material, que permitan, en la mayor medida de las posibilidades fácticas y jurídicas, la defensa de las posiciones jurídicas particulares de quienes se han involucrado en uno de tales procedimientos[80].

17.2.- *Al respecto la jurisprudencia de la Corte Interamericana considera que el "acceso a la justicia constituye una norma imperativa de Derecho Internacional y, como tal, genera obligaciones erga omnes* para los Estados"[81], pues lo contrario

---

función de esos recursos, dentro del sistema del derecho interno, sea idónea para proteger la situación jurídica infringida. En todos los ordenamientos internos existen múltiples recursos, pero no todos son aplicables en todas las circunstancias".

80 Puede verse: Corte Interamericana de Derechos Humanos, Caso *Hilaire, Constantine y Benjamin y otros Vs Trinidad y Tobago*. Sentencia de 21 de junio de 2002, párrafo 150: "Sobre el particular, la Corte ha reiterado que no basta con que se prevea la existencia de recursos [*Cfr.* Corte I.D.H., Caso *Cesti Hurtado*. Sentencia de 29 de septiembre de 1999. Serie C N° 56, párr. 125; Corte I.D.H., *Caso de la "Panel Blanca" (Paniagua Morales y otros)*. Sentencia de 8 de marzo de 1998, *supra* nota 68, párr. 164; Corte I.D.H., Caso *Suárez Rosero*. Sentencia de 12 de noviembre de 1997, *supra* nota 68, párr. 63. En este mismo sentido, el Tribunal también ha indicado que "[n]o pueden considerarse efectivos aquellos recursos que, por las condiciones generales del país o incluso por las circunstancias particulares de un caso dado, resulten ilusorios". Corte I.D.H., *Garantías Judiciales en Estados de Emergencia* (arts. 27.2, 25 y 8 Convención Americana sobre Derechos Humanos). Opinión Consultiva OC-9/87 del 6 de octubre de 1987, *supra* nota 132, párr. 24], si estos no resultan efectivos para combatir la violación de los derechos protegidos por la Convención. La garantía de un recurso efectivo "constituye uno de los pilares básicos, no sólo de la Convención Americana, sino del propio Estado de Derecho en una sociedad democrática en el sentido de la Convención". Puede verse: Corte Interamericana de Derechos Humanos, Caso *Castillo Páez vs Perú*, sentencia de 3 de noviembre de 1997, párrafos 81 a 84 donde se constató la falta de eficacia del habeas corpus como recurso judicial.

81 Corte Interamericana de Derechos Humanos, Caso *Goiburú y otros c. Paraguay*, sentencia de 22 de septiembre de 2006, párrafo 131: "El acceso a la justicia constituye una norma imperativa de Derecho Internacional y, como tal, genera obligaciones *erga omnes* para los Estados de adoptar las medidas que sean necesarias para no dejar en la impunidad esas violaciones, ya sea ejerciendo su jurisdicción para aplicar su derecho interno y el derecho internacional para juzgar y, en su caso, sancionar a los responsables, o colaborando con otros Estados que lo hagan o procuren hacerlo".

sería tanto como considerar a los principios y normas del sistema universal y del sistema interamericano de protección de derechos humanos como proclamas retóricas carentes de vincularidad jurídica que dejarían inerme a su titular cuando sus derechos le sean conculcados, algo inaceptable en el marco de un Estado Social y Democrático de Derecho.

17.3.- Dichas garantías judiciales se expresan convencionalmente en (1) la existencia de todos los recursos judiciales necesarios para la tutela de los derechos; (2) la posibilidad de ejercicio de tales recursos por todo individuo sin limitaciones o restricciones de orden formal; (3) la necesidad de contar con diversas instancias judiciales; (4) la vocación de investigación y de decisión de los asuntos relacionados con violaciones a los derechos humanos, con lo que se garantiza no sólo la tutela judicial efectiva, sino también la verdad, la justicia y la reparación integral[82]; y, (5) de no expedir legislaciones que planteen como regla la obstrucción o limitación frente al juzgamiento de responsables de violaciones de los derechos humanos.

Para ilustrar los fundamentos normativos convencionales en los que se apoyan los anteriores supuestos con base en los cuales cabe encuadrar la responsabilidad del Estado-administración de justicia se ofrece el siguiente cuadro ilustrativo[83]:

---

82 Corte Interamericana de Derechos Humanos, Caso *Goiburú y otros c. Paraguay*, sentencia de 22 de septiembre de 2006, párrafo 133: "Ha quedado demostrado que, pese a que se iniciaron dichos procesos penales con el fin de esclarecer los hechos, éstos no han sido eficaces para enjuiciar y, en su caso, sancionar a todos sus responsables, como ya se dijo. Si bien ha habido condenas en primera y segunda instancia, los procesos no han concluido, por lo que el Estado no ha sancionado a todas las personas responsables penalmente de los hechos antijurídicos objeto de demanda. En el marco de impunidad verificado, los recursos judiciales no han sido efectivos y el transcurso del tiempo juega un papel fundamental en borrar todos los rastros del delito, haciéndose de esta manera ilusoria la protección judicial consagrada en los artículos 8.1 y 25 de la Convención Americana".

83 Sin perjuicio de las siguientes Resoluciones de las Naciones Unidas en la materia: (1) Principios Básicos relativos a la independencia de la judicatura, adoptados en el Séptimo Congreso de las Naciones Unidas sobre Prevención del Delito y Tratamiento del Delincuente, Milán 26 de agosto al 6 de septiembre de 1985, confirmados por la Asamblea General de Naciones Unidas mediante las Resoluciones 40/32 de 29 de noviembre de 1985 y 40/46 del 13 de diciembre de 1985; (2) Directrices sobre la función de los Fiscales, adoptados en el Octavo Congreso de Naciones Unidas sobre la Prevención del Delito y Tratamiento del Delincuente, celebrado en La Ha-

Fundamentos normativos convencionales de la responsabilidad patrimonial del Estado por la actividad de la administración de justicia

INSTRUMENTO NORMATIVO INTERNACIONAL	NORMA
Declaración Universal de los Derechos Humanos de 1948	**Artículo 8.** Toda persona tiene derecho a un recurso efectivo ante los tribunales nacionales competentes, que la ampare contra actos que violen sus derechos fundamentales reconocidos por la constitución o por la ley.

---

bana (Cuba), 27 de agosto a 7 de septiembre de 1990; (3) Principios Básicos sobre la función de los abogados, aprobados en el Octavo Congreso de Naciones Unidas sobre la Prevención del Delito y Tratamiento del Delincuente, celebrado en La Habana (Cuba), 27 de agosto a 7 de septiembre de 1990; (4) Código de Conducta para funcionarios encargados de hacer cumplir la ley, adoptado por la Asamblea General de las Naciones Unidas mediante la Resolución 34/169 de 17 de diciembre de 1979; (5) Reglas mínimas sobre las medidas no privativas de la libertad (reglas de Tokio), adoptadas por la Asamblea General de la Naciones Unidas mediante la Resolución 45/110, de 14 de diciembre de 1990; (6) Principios relativos a una eficaz prevención e investigación de las ejecuciones extralegales, arbitrarias o sumarias, adoptados por el Consejo Económico y Social de las Naciones Unidas mediante la Resolución 65/1989, de 24 de mayo de 1989; (7) Reglas Mínimas para la Administración de Justicia de Menores, adoptadas por la Asamblea General de las Naciones Unidas mediante la Resolución 40/33 de 28 de noviembre de 1985; (8) Reglas para la protección de los menores privados de la libertad, adoptadas por la Asamblea General de las Naciones Unidas mediante la Resolución 45/113, de 14 de diciembre de 1990; (9) Conjunto de Principios para la protección de todas las personas sometidas a cualquier forma de detención o prisión, adoptado por la Asamblea General de las Naciones Unidas mediante la Resolución 43/173, de 9 de diciembre de 1988; (10) Reglas mínimas para el Tratamiento de Reclusos, aprobadas por el Consejo Económico y Social de las Naciones Unidas mediante las Resoluciones 663 (XXIV) de 31 de julio de 1957 y 2076 (LXII) de 13 de mayo de 1977; y, (11) Principios Básicos para el tratamiento de reclusos, adoptados por la Asamblea General de las Naciones Unidas mediante la Resolución 45/111 de 14 de diciembre de 1990.

Convención Americana de Derechos Humanos	**Artículo 2.** **Deber de adoptar disposiciones de derecho interno.** Si el ejercicio de los derechos y libertades mencionados en el artículo 1 no estuviere ya garantizado por disposiciones legislativas o de otro carácter, los Estados Partes se comprometen a adoptar, con arreglo a sus procedimientos constitucionales y a las disposiciones de esta Convención, las medidas legislativas o de otro carácter que fueren necesarias para hacer efectivos tales derechos y libertades **Artículo 7.** **Derecho a la libertad personal.** 1. Toda persona tiene derecho a la libertad y a la seguridad personales. 2. Nadie puede ser privado de su libertad física, salvo por las causas y en las condiciones fijadas de antemano por las Constituciones Políticas de los Estados Partes o por las leyes dictadas conforme a ellas. 3. Nadie puede ser sometido a detención o encarcelamiento arbitrarios. 4. Toda persona detenida o retenida debe ser informada de las razones de su detención y notificada, sin demora, del cargo o cargos formulados contra ella. 5. Toda persona detenida o retenida debe ser llevada, sin dmora, ante un juez u otro funcionario autorizado por la ley para ejercer funciones judiciales y tendrá derecho a ser juzgada dentro de un plazo razonable o a ser puesta en libertad, sin perjuicio de que continúe el proceso. Su libertad podrá estar condicionada a garantías que aseguren su comparecencia en el juicio. 6. Toda persona privada de libertad tiene derecho a recurrir ante un juez o tribunal competente, a fin de que éste decida, sin demora, sobre la legalidad de su arresto o detención y ordene su libertad si el arresto o la detención fueran ilegales. En los Estados Partes cuyas leyes prevén que toda persona que se viera amenazada de ser privada de su libertad tiene derecho a recurrir a un juez o tribunal competente a fin de que éste decida sobre la legalidad de tal amenaza, dicho recurso no puede ser restringido ni abolido. Los recursos podrán interponerse por sí o por otra persona. 7. Nadie será detenido por deudas. Este principio no limita los mandatos de autoridad judicial competente dictados por incumplimientos de deberes alimentarios.

Artículo 8.1. Garantías Judiciales.

Toda persona tiene derecho a ser oída, con las debidas garantías y dentro de un plazo razonable, por un juez o tribunal competente, independiente e imparcial, establecido con anterioridad por la ley, en la sustanciación de cualquier acusación penal formulada contra ella, o para la determinación de sus derechos y obligaciones de orden civil, laboral, fiscal o de cualquier otro carácter

Artículo 10. Derecho a Indemnización.

Toda persona tiene derecho a ser indemnizada conforme a la ley en caso de haber sido condenada en sentencia firme por error judicial.

Artículo 25. Protección Judicial.

1. Toda persona tiene derecho a un recurso sencillo y rápido o a cualquier otro recurso efectivo ante los jueces o tribunales competentes, que la ampare contra actos que violen sus derechos fundamentales reconocidos por la Constitución, la ley o la presente Convención, aun cuando tal violación sea cometida por personas que actúen en ejercicio de sus funciones oficiales.
2. Los Estados Partes se comprometen:

a) a garantizar que la autoridad competente prevista por el sistema legal del Estado decidirá sobre los derechos de toda persona que interponga tal recurso;

b) desarrollar las posibilidades de recurso judicial, y

c) a garantizar el cumplimiento, por las autoridades competentes, de toda decisión en que se haya estimado procedente el recurso.

Artículo 29. Normas de interpretación

Ninguna disposición de la presente Convención puede ser interpretada en el sentido de:

a) permitir a alguno de los Estados Partes, grupo o persona, suprimir el goce y ejercicio de los derechos y libertades reconocidos en la Convención o limitarlos en mayor medida que la prevista en ella;

b) limitar el goce y ejercicio de cualquier derecho o libertad que pueda estar reconocido de acuerdo con las leyes cualquiera de los Estados Partes o de acuerdo con otra convención en que sea parte uno de dichos Estados;

c) excluir otros derechos y garantías que son inherentes al ser humano o que se derivan de la forma democrática representativa de gobierno, y

d) excluir o limitar el efecto que puedan producir la Declaración Americana de Derechos y Deberes del Hombre y otros actos internacionales de la misma naturaleza.

Pacto Internacional de Derechos Civiles y Políticos	**Artículo 9.** (...) 5. Toda persona que haya sido ilegalmente detenida o presa, tendrá el derecho efectivo a obtener reparación. **Artículo 14.** (...) 6. Cuando una sentencia condenatoria firme haya sido ulteriormente revocada, o el condenado haya sido indultado por haberse producido o descubierto un hecho plenamente probatorio de la comisión de un error judicial, la persona que haya sufrido una pena como resultado de tal sentencia deberá ser indemnizada, conforme a la ley, a menos que se demuestre que le es imputable en todo o en parte el no haberse revelado oportunamente el hecho desconocido
Protocolo Facultativo del Pacto Internacional de Derechos Civiles y Políticos de 16 de diciembre de 1966	**Artículo 1** Todo Estado Parte en el Pacto que llegue a ser parte en el presente Protocolo reconoce la competencia del Comité para recibir y considerar comunicaciones de individuos que se hallen bajo la jurisdicción de ese Estado y que aleguen ser víctimas de una violación, por ese Estado Parte, de cualquiera de los derechos enunciados en el Pacto. El Comité no recibirá ninguna comunicación que concierna a un Estado Parte en el Pacto que no sea parte en el presente Protocolo
Convención Interamericana para Prevenir y Sancionar la Tortura de 9 de diciembre de 1985	**Artículo 8.** Los Estados partes garantizarán a toda persona que denuncie haber sido sometida a tortura en el ámbito de su jurisdicción el derecho a que el caso sea examinado imparcialmente. Asimismo, cuando exista denuncia o razón fundada para creer que se ha cometido un acto de tortura en el ámbito de su jurisdicción, los Estados partes garantizarán que sus respectivas autoridades procederán de oficio y de inmediato a realizar una investigación sobre el caso y a iniciar, cuando corresponda, el respectivo proceso penal. Una vez agotado el ordenamiento jurídico interno del respectivo Estado y los recursos que éste prevé, el caso podrá ser sometido a instancias internacionales cuya competencia haya sido aceptada por ese Estado.
Convención Interamericana sobre Desaparición Forzada de Personas de 9 de junio de 1994	**Artículo VII** La acción penal derivada de la desaparición forzada de personas y la pena que se imponga judicialmente al responsable de la misma no estarán sujetas a prescripción. Sin embargo, cuando existiera una norma de carácter fundamental que impidiera la aplicación de lo estipulado en el párrafo anterior, el período de prescripción deberá ser igual al del delito más grave en la legislación interna del respectivo Estado Parte

Convención de los derechos del Niño de Naciones Unidas de 20 de noviembre de 1989	**Artículo 40 1.** Los Estados Partes reconocen el derecho de todo niño de quien se alegue que ha infringido las leyes penales o a quien se acuse o declare culpable de haber infringido esas leyes a ser tratado de manera acorde con el fomento de su sentido de la dignidad y el valor, que fortalezca el respeto del niño por los derechos humanos y las libertades fundamentales de terceros y en la que se tengan en cuenta la edad del niño y la importancia de promover la reintegración del niño y de que éste asuma una función constructiva en la sociedad. 2. Con este fin, y habida cuenta de las disposiciones pertinentes de los instrumentos internacionales, los Estados Partes garantizarán, en particular: a) Que no se alegue que ningún niño ha infringido las leyes penales, ni se acuse o declare culpable a ningún niño de haber infringido esas leyes, por actos u omisiones que no estaban prohibidos por las leyes nacionales o internacionales en el momento en que se cometieron; b) Que a todo niño del que se alegue que ha infringido las leyes penales o a quien se acuse de haber infringido esas leyes se le garantice, por lo menos, lo siguiente: i) Que se lo presumirá inocente mientras no se pruebe su culpabilidad conforme a la ley; ii) Que será informado sin demora y directamente o, cuando sea procedente, por intermedio de sus padres o sus representantes legales, de los cargos que pesan contra él y que dispondrá de asistencia jurídica u otra asistencia apropiada en la preparación y presentación de su defensa; iii) Que la causa será dirimida sin demora por una autoridad u órgano judicial competente, independiente e imparcial en una audiencia equitativa conforme a la ley, en presencia de un asesor jurídico u otro tipo de asesor adecuado y, a menos que se considerare que ello fuere contrario al interés superior del niño, teniendo en cuenta en particular su edad o situación y a sus padres o representantes legales; iv) Que no será obligado a prestar testimonio o a declararse culpable, que podrá interrogar o hacer que se interrogue a testigos de cargo y obtener la participación y el interrogatorio de testigos de descargo en condiciones de igualdad; v) Si se considerare que ha infringido, en efecto, las leyes penales, que esta decisión y toda medida impuesta a consecuencia de ella, serán sometidas a una autoridad u órgano judicial superior competente, independiente e imparcial, conforme a la ley; vi) Que el niño contará con la asistencia gratuita de un intérprete si no comprende o no habla el idioma utilizado; vii) Que se respetará plenamente su vida privada en todas las fases del procedimiento. 3. Los Estados Partes tomarán todas las medidas apropiadas para promover el establecimiento

	de leyes, procedimientos, autoridades e instituciones específicos para los niños de quienes se alegue que han infringido las leyes penales o a quienes se acuse o declare culpables de haber infringido esas leyes, y en particular: a) El establecimiento de una edad mínima antes de la cual se presumirá que los niños no tienen capacidad para infringir las leyes penales; b) Siempre que sea apropiado y deseable, la adopción de medidas para tratar a esos niños sin recurrir a procedimientos judiciales, en el entendimiento de que se respetarán plenamente los derechos humanos y las garantías legales. 4. Se dispondrá de diversas medidas, tales como el cuidado, las órdenes de orientación y supervisión, el asesoramiento, la libertad vigilada, la colocación en hogares de guarda, los programas de enseñanza y formación profesional, así como otras posibilidades alternativas a la internación en instituciones, para asegurar que los niños sean tratados de manera apropiada para su bienestar y que guarde proporción tanto con sus circunstancias como con la infracción

CUADRO DE ELABORACIÓN PROPIA

18.- La tutela judicial efectiva comprende el derecho fundamental de acceso a la administración de justicia. A partir de la consagración constitucional y convencional del acceso a la administración de justicia en los términos del artículo 229 Superior, que señala que *"Se garantiza el derecho de toda persona para acceder a la administración de justicia. (...)"*, y en el artículo 25 de la Convención Americana de Derechos Humanos en el que se consagra "Toda persona tiene derecho a un recurso sencillo y rápido o a cualquier otro recurso efectivo ante los jueces o tribunales competentes, que la ampare contra actos que violen sus derechos fundamentales reconocidos por la Constitución, la ley o la presente Convención, aún cuando tal violación sea cometida por personas que actúen en ejercicio de sus funciones oficiales"[84], la jurispru-

84 Corte Interamericana de Derechos Humanos, Opinión Consultiva Oc-11/90, *Excepciones al agotamiento de los recursos internos (artículos 46.1, 46.2.a y 46.2.b de la Convención Americana de Derechos Humanos)*, "[...] la inexistencia de un recurso efectivo contra las violaciones a los derechos reconocidos por la Convención constituye una trasgresión de la misma por el estado parte en el cual semejante situación tenga lugar. En ese sentido debe subrayarse que, para que tal recurso exista, no basta con que esté previsto en la Constitución o la ley o con que sea formalmente admisible, sino que se requiere que sea realmente idóneo para establecer si ha incurrido en una violación a los derechos humanos y proveer lo necesario para remediarla. No pueden considerarse efectivos aquellos recursos que, por las condiciones generales del país o incluso por las circunstancias particulares de un caso dado, resulten ilusorios. Ellos pueden

dencia constitucional[85] ha planteado el derecho al acceso a la administración de justicia materialmente, lo cual supone una corrección sustancial de los procedimientos judiciales, que deben tender a la efectividad de los derechos y garantías de las personas, de manera que *"es necesario que el acceso y el procedimiento que lo desarrolla, sea igualmente interpretado a la luz del ordenamiento superior, "en el sentido que resulte más favorable al logro y realización del*

---

ocurrir, por ejemplo, cuando su inutilidad haya quedado demostrada en la práctica, porque el poder Judicial carezca de la independencia necesaria para decidir con imparcialidad o porque falten los medios para ejecutar sus decisiones; por cualquier situación que configure un cuadro de denegación de justicia, como sucede cuando se incurre en retardo injustificado en la decisión, o cuando, por cualquier causa, no se permita al presunto lesionado el acceso al recurso judicial".

85 La Corte Constitucional determina los elementos que integran el derecho de acceso a la administración de justicia: "De allí que haya sido calificado como un derecho de contenido múltiple o complejo, cuyo marco jurídico de aplicación compromete, en un orden lógico: "(i) el derecho de acción o de promoción de la actividad jurisdiccional, el cual se concreta en la posibilidad que tiene todo sujeto de ser parte en un proceso y de utilizar los instrumentos que allí se proporcionan para plantear sus pretensiones al Estado, sea en defensa del orden jurídico o de sus intereses particulares; (ii) el derecho a que la promoción de la actividad jurisdiccional concluya con una decisión de fondo en torno a las pretensiones que han sido planteadas; (iii) el derecho a que existan procedimientos adecuados, idóneos y efectivos para la definición de las pretensiones y excepciones debatidas; (iv) el derecho a que los procesos se desarrollen en un término razonable, sin dilaciones injustificadas y con observancia de las garantías propias del debido proceso, y, entre otros, (v) el derecho a que subsistan en el orden jurídico una gama amplia y suficiente de mecanismos judiciales -acciones y recursos- <u>para la efectiva resolución de los conflictos</u>" [subrayado fuera de texto]." Corte Constitucional, sentencia C-227/2009. En la sentencia C-283 de 2017 la Corte Constitucional plantea el "derecho fundamental de acceso a la justicia no sólo implica que las condiciones y cargas sean previstas por el Legislador, sino que éstas sean realizables, razonables y proporcionadas y que exista certeza respecto de la manera de cumplirlas, de manera que el no cumplimiento dependa exclusivamente de la voluntad consciente del justiciable, o de su falta de cuidado o diligencia, mas no de la ausencia de la claridad o de la complejidad del sistema. Las cargas confusas o excesivamente difíciles para el acceso a la justicia, que impiden que incluso la persona medianamente diligente esté en capacidad de cumplirlas para poder acceder a la justicia, resultan a todas luces inconstitucionales". Corte Constitucional, sentencia C-283 de 2017.

derecho sustancial, consultando en todo caso el verdadero espíritu y finalidad de la ley".[86]-[87]

19.- Y por otra parte, en virtud del control de convencionalidad obligatorio y oficioso que deben ejercer los jueces[88], debe destacarse que la Corte Interamericana de Derechos Humanos ha sostenido que la exigencia de garantías judiciales en un proceso se materializa siempre que *"se observen todos los requisitos que "sirv[a]n para proteger, asegurar o hacer valer la titularidad o el ejercicio de un derecho"*[89]*, es decir, las "condiciones que deben cumplirse para asegurar la adecuada defensa de aquéllos cuyos derechos u obligaciones están bajo consideración judicial"*[90]*; y*

86 *Cfr*. Corte Constitucional sentencias C-037 de 1996; C-1195 de 2001; C-426 de 2002; C-334 de 2012; C-583 de 2016.

87 COLOMBIA, Corte Constitucional, sentencia C-227 de 2009.

88 Sobre la observancia de la jurisprudencia de la Corte Interamericana de Derechos Humanos en materia de aspectos procedimentales esta Corporación ha señalado: "Adicional a las normas procedimentales que rigen el trámite de los procedimientos contenciosos administrativos, el Despacho precisa que al momento de su interpretación y aplicación el funcionario judicial no sólo debe remitirse a ellas sino que en su razonamiento debe acudir a las normas constitucionales y de orden supraconstitucional, donde se enfatiza en la Convención Americana de Derechos Humanos y la doctrina desarrollada a partir de ella por la Corte Interamericana de Derechos Humanos. Lo anterior en razón a que ya es un lugar común sostener que el Juez Administrativo no es un mero ejecutor formal de las normas legales sino que en razón al rol funcional que desempeña dentro del Estado Social de Derecho, es su obligación, antes que nada, ser garante de la corrección constitucional en la interpretación y aplicación de las normas legales, al igual que ejercer, ex oficio, el control de convencionalidad que se le impone en razón a la fuerza vinculante de los tratados de Derechos Humanos y su doctrina. COLOMBIA, Consejo de Estado, Sala de lo Contencioso Administrativo, Sección Tercera, Subsección C. Auto de 24 de septiembre de 2012. C.P.: Jaime Orlando Santofimio Gamboa. Exp. 50001-23-31-000-2011-00586-01 (44050).

89 Corte Interamericana de Derechos Humanos, El *Hábeas Corpus* bajo suspensión de garantías (arts. 27.2, 25.1 y 7.6 Convención Americana sobre Derechos Humanos). Opinión Consultiva OC-8/87 del 30 de enero de 1987. Serie A N° 8; párr. 25.

90 Corte Interamericana de Derechos Humanos, Garantías judiciales en Estados de Emergencia (arts. 27.2, 25 y 8 Convención Americana sobre Derechos Humanos). Opinión Consultiva OC-9/87 del 6 de octubre de 1987. Serie A N° 9; párr. 28 y Corte I.D.H., El Derecho a la Información sobre la Asistencia Consular en el Marco de las Garantías del Debido Proceso Legal. Opinión Consultiva OC-16/99, supra nota 130, párr. 118.

comentando el artículo 25 de la Convención señaló que "La existencia de esta garantía "constituye uno de los pilares básicos, no sólo de la Convención Americana, sino del propio Estado de Derecho en una sociedad democrática en el sentido de la Convención"[91]*; pues en el marco de todos los procedimientos, jurisdiccionales o no*[92], que se adelanten por las autoridades estatales es deber indiscutible la preservación de las garantías procesales, de orden material, que permitan, en la mayor medida de las posibilidades fácticas y jurídicas, la defensa de las posiciones jurídicas particulares de quienes se han involucrado en uno de tales procedimientos[93]. Sobre este punto la Corte Interamericana de Derechos Humanos ha resaltado la observancia de este deber jurídico a lo largo de todo el marco de actuación estatal: *"124. Si bien el artículo 8 de la Convención Americana se titula "Garantías Judiciales", su aplicación no se limita a los recursos judiciales en sentido estricto, "sino [al] conjunto de requisitos que deben observarse en las instancias procesales" a efectos de que las personas estén en condiciones de defender adecuadamente sus derechos ante cualquier tipo de acto del Estado que pueda afectarlos.*[94] *Es decir,*

---

91 *Cfr.* Caso *Castillo Páez Vs. Perú*. Fondo. Sentencia de 3 de noviembre de 1997. Serie C N° 34, párrafo. 82; Caso *Claude Reyes y otros Vs. Chile*. Fondo, Reparaciones y Costas. Sentencia de 19 de septiembre de 2006. Serie C N° 151, párr. 131, y Caso *Castañeda Gutman vs. México*. Excepciones Preliminares, Fondo, Reparaciones y Costas. Sentencia de 6 de agosto de 2008. Serie C N° 183, párrafo. 78.

92 Corte Interamericana de Derechos Humanos. Caso *Reverón Trujillo vs. Venezuela*. Sentencia de 30 de junio de 2009, párrafo 147.

93 Corte Interamericana de Derechos Humanos. Caso *Hilaire, Constantine y Benjamin y otros vs. Trinidad y Tobago*. Sentencia de 21 de junio de 2002, párrafo 186. Corte Interamericana de Derechos Humanos. *Caso Alvarado Espinoza y otros vs. México*. Sentencia de 28 de noviembre de 2018. Fondo, reparaciones y costas, párrafos 232 y 250. Corte Interamericana de Derechos Humanos. *Caso Perrone y Preckel vs Argentina*. Sentencia de 8 de octubre de 2019, párrafos 113 y 120. Corte Interamericana de Derechos Humanos. *Caso Guzmán Albarracín y otras vs Ecuador*. Sentencia de 24 de junio de 2020. Fondo, reparaciones y costas, párrafos 176 y 180. Corte Interamericana de Derechos Humanos. *Caso Olivares Muñoz y otros vs Venezuela*. Fondo, reparaciones y costas. Sentencia de 10 de noviembre de 2020, párrafo 119. "La Corte ha establecido que el derecho de acceso a la justicia debe asegurar, en tiempo razonable, el derecho de las presuntas víctimas o sus familiares a que se haga todo lo necesario para conocer la verdad de lo sucedido e investigar, juzgar y, en su caso, sancionar a los eventuales responsables".

94 *Cfr.* Caso del *Tribunal Constitucional*, supra nota 7, párr. 69; y Garantías judiciales en Estados de Emergencia (arts. 27.2, 25 y 8 Convención Americana sobre Derechos Humanos). Opinión Consultiva OC-9/87 del 6 de octubre de 1987. Serie A N° 9, párrafo. 27.

cualquier actuación u omisión de los órganos estatales dentro de un proceso, sea administrativo sancionatorio o jurisdiccional, debe respetar el debido proceso legal"[95].

20.- Siendo el derecho de acceso a la administración de justicia y la tutela judicial efectiva la premisa central para establecer los elementos sustanciales del régimen de responsabilidad del Estado-administración de justicia, cabe examinar como esta se proyecta incluso en el marco de la justicia internacional.

C. Breve examen a una propuesta de examinación de la responsabilidad internacional de los órganos judiciales en el sistema jurídico universal y regional de protección de los Derecho Humanos

21.- Tradicionalmente se ha pensado que los organismos internacionales como la Corte Internacional de Justicia, la Corte Penal Internacional, o los órganos judiciales de los sistemas regionales de protección de los derechos humanos, como la Corte Interamericana de Derechos Humanos, gozan de una "especie" de inviolabilidad respecto de la garantía del acceso a la justicia y de la tutela judicial efectiva, o desde la perspectiva del error judicial en que puedan incurrir, o del defectuoso funcionamiento de su sistema de administración de justicia.

21.1.- La premisa inicial es que las autoridades judiciales del orden internacional están sometidas a las obligaciones convencionales, de manera tal que las garantías consagradas tanto en el Estatuto de la Corte Internacional de Justicia, como de la Corte Penal Internacional, y de la Convención Americana de Derechos Humanos son exigibles a estos órganos, lo que podría en caso de verse vulnerado representar una responsabilidad internacional de un organismo de este tipo, tal como se viene proponiendo en el proyecto de codificación de la responsabilidad internacional que viene elaborando hace décadas la Comisión de Derecho Internacional[96].

---

95 Corte Interamericana de Derechos Humanos. Caso *Baena Ricardo y Otros vs. Panamá*. Sentencia de 2 de febrero de 2001., párrafo 124. Corte Interamericana de Derechos Humanos. *Caso Amrhein y otros vs Costa Rica*. Sentencia de 25 de abril de 2018. Excepciones prliminares, fondo, reparaciones y costas, párrafo 268. Corte Interamericana de Derechos Humanos. *Caso Villamizar Durán y otros vs. Colombia*. Sentencia de 20 de noviembre de 2018. Excepción preliminar, fondo, reparaciones y costas, párrafo 166.

96 Puede verse: NACIONES UNIDAS. Asamblea General, Comisión de Derecho Internacional, 63° período de sesiones, Ginebra 26 de abril a 3 y 4 de junio a 12 de agosto de 2011, Responsabilidad de las organizaciones internacionales, Tex-

21.2.- De acuerdo con la sentencia de la Corte Internacional de Justicia de 3 de febrero de 2012[97], en el caso *número 143 de Italia contra Alemania,* plantea como debate la procedencia o no de la regla de derecho consuetudinario de derecho internacional público de la inmunidad de jurisdicción de los Estados como cláusula para no asumir la responsabilidad internacional, lo que puede ser invocado por los organismos judiciales internacionales para eludir un po-

---

to y título de los proyectos de artículo 1 a 67 aprobados en segunda lectura por el Comité de Redacción en 2011, Documento A/CN.4/L.778, de 30 de mayo de 2011. En el artículo 1.1 se establece: 1. El presente proyecto de ar-tículos se aplica a la responsabilidad internacional de una organización internacional por un hecho internacionalmente ilícito". Así como el artículo 2.a) establece que se entiende "por organización internacional una organización instituida por un tratado u otro organismo regido por el derecho internacional y dotada de personalidad jurídica internacional propia. Además de los Estados, las organizaciones internacionales pueden contar entre sus miembros con otras entidades". De acuerdo con el artículo 6.1. El comportamiento de un órgano o de un agente de una organización internacional en el ejercicio de sus funciones se considerará hecho de esa organización según el derecho internacional, cualquiera que sea la posición del órgano o el agente dentro de la organización. Y el artículo 10.q establece: "Hay violación de una obligación internacional por una organización internacional cuando un hecho de esa organización internacional no está en conformidad con lo que de ella exige esa obligación, sea cual fuere el origen o la naturaleza de la obligación en cuestión". [http://ocw.um.es/cc.-juridicas/derecho-internacional-publico-1/ejercicios-proyectos-y-casos-1/capitulo2/documento-27-proyecto-cdi-responsabilidad-organizaciones-internacionales.pdf; consultado 10 de agosto de 2015]. DUBERTI, Guillermo, "La responsabilidad de las organizaciones internacionales ¿Un desafío a la normativa espacial?, en *Revista Venezuela de Información, Tecnología y Conocimiento,* Año 9, N° 1, Enero-Abril, 2012, pp. 89-103. "[...] El proyecto elaborado por la CDI respecto del régimen de responsabilidad de las organizaciones internacionales fue aprobado en primera lectura durante el 61° período de sesiones de dicho organismo (2009) y en segunda lectura en el año 2011. En este sentido la Convención Viena sobre el Derecho de los Tratados de 1969 se refiere expresamente a las organizaciones en su artículo 5: "...a todo tratado que sea un instrumento constitutivo de una organización internacional y a todo tratado adoptado en el ámbito de una organización internacional, sin perjuicio de cualquier norma pertinente de la organización". Esta referencia a las organizaciones internacionales hizo que se incluyera en el párrafo l) i) del artículo 2 la siguiente definición a los efectos de la Convención: "[le expresión] organización internacional significa una 'organización intergubernamental'. Esta definición se reproduce en numeroso tratados posteriores".

97 Corte Internacional de Justicia, sentencia de 3 de febrero de 2012, caso N° 143.

tencial juicio derivado de sus decisiones, del desarrollo de los procedimientos judiciales ante su instancia, o de la determinación de privar de la libertad injustamente a una persona. En el mencionado caso la Corte Internacional de Justicia decidió que no podía la jurisdicción de un Estado investigar y juzgar las acciones consideradas de *jure imperii*[98], *de la República Federal de Alemania durante el período de 1943 a 1945 [época del nacional-socialismo], ya que en la opinio juris* de diferentes ordenamientos impera el reconocimiento de la inmunidad de jurisdicción como regla, de manera tal que no procede la realización de algún procedimiento, o la ejecución de una decisión judicial que declare la responsabilidad e imponga la indemnización por los daños derivados de actos de guerra cometidos por las fuerzas armadas alemanas. Se trata de una postura que en criterio de la opinión disidente del juez Cançado Trindade se opone a la visión humanista del derecho internacional público moderno, pero sobre todo a la exigencia del acceso a la administración de justicia, planteando una seria contradicción con el artículo 8 de la Declaración Universal de los Derechos Humanos de 1948, el artículo 25 de la Convención Americana de

---

98 La Sub-sección C de la Sección Tercera del Consejo de Estado de Colombia, en la sentencia de 9 de mayo de 2012, expediente 20334, con ocasión del caso de la masacre ocurrida en la corregimiento El Siete, jurisdicción del municipio de Carmen de Atrato [Chocó], determinó: "De ahí, pues, que en el marco del instituto de la responsabilidad, eventos como el ocurrido el 13 de junio de 1996 en el corregimiento El Siete del municipio de El Carmen de Atrato (Chocó), el "Estado -hoy se reconoce- es responsable por todos sus actos -tanto *jure gestionis* como *jure imperii*- así como por todas sus omisiones. Creado por los propios seres humanos por ellos compuesto, para ellos existe, para la realización de su bien común" ["(...) el Estado existe para el ser humano, y no viceversa. Ningún Estado puede considerarse por encima del Derecho, cuyas normas tienen por destinatarios últimos los seres humanos". CANÇADO TRINDADE, Antonio Augusto (relator). Informe: Bases para un proyecto de Protocolo a la Convención Americana sobre derechos humanos, para fortalecer su mecanismo de protección., *ob. cit.*, pp. 33 y 34"]. Como se deprende de las acciones perpetradas el 13 de junio de 1996 en el corregimiento El Siete del municipio de El Carmen de Atrato (Chocó), y que sin duda lleva a la Sala a concluir que si bien pudo concurrir el hecho de un tercero, sin que puede reducirse su consideración a un ámbito fenomenológico, sino que debe procederse a declarar por no probado el mismo, sino que por el contrario los elementos probatorios están encaminados a revelarnos como hecho indicado la inactividad y la ostensible omisión que hubo por parte de la fuerza pública que hacía presencia en la zona para la época de los hechos, que resulta esta la determinante y esencial para establecer como criterio de responsabilidad la falla en el servicio, siguiendo los anteriores argumentos en los que se fundamenta".

Derechos Humanos y el artículo 6.1 de la Convención Europea de Derechos Humanos [ésta última jurisdicción también ha reconocido la prevalencia de la regla de la inmunidad de jurisdicción provocando una flexibilización en los estándares de exigencia del acceso a la administración de justicia[99]].

22.- Pero, concentrándonos en el primer presupuesto, esto es, en la invocación de la responsabilidad de la Corte Internacional de Justicia, de la Cor-

---

99 Corte Europea de Derechos Humanos en el caso *Kalogeropoulou y otros c. Grecia y Alemania*, que en decisión de 12 de diciembre de 2002 inadmitió al aplicar el principio de inmunidad del Estado. Cour Européenne des Droits de L'Homme, Première Section, Aikateronini Kalogeropoulou et autres c. Grèce et l'Allemagne, 12 décembre 2002, requête N° 59021/00. "(...) On ne peut dès lors de façon générale considérer comme une restriction disproportionnée au droit d'accès à un tribunal tel que le consacre l'article 6 § 1 des mesures prises par une Haute Partie contractante qui reflètent des règles de droit international généralement reconnues en matière d'immunité des Etats. De même que le droit d'accès à un tribunal est inhérent à la garantie d'un procès équitable accordée par cet article, de même certaines restrictions à l'accès doivent être tenues pour lui être inhérentes ; on en trouve un exemple dans les limitations généralement admises par la communauté des nations comme relevant de la doctrine de l'immunité des Etats (Al-Adsani c. Royaume-Uni, *op. cit.*, §§ 52-56). Au vu de ce qui précède, la Cour estime que si les tribunaux grecs ont condamné l'Etat allemand à payer des dommages-intérêts aux requérants, cela n'emporte pas nécessairement obligation pour l'Etat grec de garantir aux requérants le recouvrement de leur créance au travers d'une procédure d'exécution forcée sur le sol grec. En se référant à l'arrêt no 11/2000 de la Cour de cassation, les requérants semblent affirmer que le droit international relatif aux crimes contre l'humanité est si fondamental qu'il constitue une norme de jus cogens qui l'emporte sur tous les autres principes de droit international, y compris le principe de l'immunité souveraine. Toutefois, la Cour ne juge pas établi qu'il soit déjà admis en droit international que les Etats ne peuvent prétendre à l'immunité en cas d'actions civiles en dommages-intérêts pour crimes contre l'humanité qui sont introduites sur le sol d'un autre Etat (voir Al-Adsani c. Royaume-Uni, *op. cit.*, § 66). Il ne saurait donc être demandé au gouvernement grec d'outrepasser contre son gré la règle de l'immunité des Etats. Cela est au moins vrai dans la situation du droit international public actuelle, telle que la Cour l'a constaté dans l'affaire Al-Adsani précitée, ce qui n'exclut pas un développement du droit international coutumier dans le futur. Dès lors, le refus du ministre de la Justice d'accorder aux requérants l'autorisation de procéder à la saisie de certains biens allemands situés en Grèce ne saurait passer pour une restriction injustifiée au droit d'accès des requérants à un tribunal, d'autant qu'il a été examiné par les juridictions internes et confirmé par un arrêt de la Cour de cassation grecque".

te Penal Internacional o de la Corte Interamericana de Derechos Humanos, cabe afirmar, siguiendo la argumentación planteada en el caso mencionado de Italia contra Alemania, que cabe examinar ¿si es oponible lo consagrado en el artículo 12[100] de la Convención de las Naciones Unidas relativa a la responsabilidad internacional por hechos ilícitos por estas instancias judiciales?, ya que si contar con una exclusión expresa, reconocerla sería tanto como permitir que el sistema jurídico internacional avalara una inviolabilidad absoluta respecto a las decisiones y procedimientos que se adopten y cursen en tales instancias judiciales.

22.1.- Para responder a tal interrogante es necesario examinar los siguientes aspectos: (1) La Corte Internacional de Justicia se encuentra establecida como el órgano judicial principal de las Naciones Unidas, como lo consagra la Carta de las Naciones Unidas[101]; (2) en sus decisiones dicha Corte debe aplicar "a. Las convenciones internacionales, sean generales o particulares, que establecen reglas expresamente reconocidas por los Estados litigantes"; "b. La costumbre internacional como prueba de una práctica generalmente aceptada como derecho"; "c. Los principios generales de derecho reconocidos por las naciones civilizadas"; "d. Las decisiones judiciales y las doctrinas de los publicistas de mayor competencia de las distintas naciones, como medio auxiliar para la determinación de las reglas de derecho, sin perjuicio de lo dispuesto en el Artículo 59" [artículo 38 Estatuto de la Corte Internacional de Justicia]; (3) siendo estas las fuentes para la adopción de sus decisiones, no puede ser diferente que no se encuentre sometida en sus procedimientos y decisiones judiciales a las mismas reglas, costumbres y principios del derecho internacional, y que esto pueda invocarse ante otros tribunales "en virtud de acuerdos ya existentes o que puedan concertarse en el futuro" en los términos del artículo 95 de la Carta de las Naciones Unidas;

---

100 "Artículo 12. A menos que los Estados involucrados pacten en contrario, un Estado no puede invocar inmunidad de jurisdicción ante un tribunal de otro Estado, competente en el caso, en un proceso referente a una acción de reparación pecuniaria en caso de muerte o de afectación a la integridad física de una persona, o en caso de daño o pérdida de un bien corporal, debido a un acto o a una omisión supuestamente atribuibles al Estado, si este acto o esta omisión se produjeron, en totalidad o en parte, en el territorio de este Estado y si el autor del acto o de la omisión estaba presente en el territorio al momento del acto o de la omisión".

101 "Artículo 92. La Corte Internacional de Justicia será el órgano judicial principal de las Naciones; funcionará de conformidad con el Estatuto Anexo, que está basado en el de la Corte Permanente de Justicia Internacional, y que forma parte integrante de esta Carta".

y, (4) la inviolabilidad no puede sustentarse en la afirmación de la inmunidad diplomática o en sus votos, en la que se trata sólo de juzgar la responsabilidad personal y estrictamente subjetiva de cada uno de sus miembros, pero no aquella que es de naturaleza adjetiva o institucional[102], o propia al organismo u órgano internacional.

22.2.- Por el contrario, la premisa normativa en la Convención Americana de Derechos Humanos establece en su artículo 70.1 que los "jueces de la Corte y los miembros de la Comisión gozan, desde el momento de su elección y mientras dure su mandato, de las inmunidades reconocidas a los agentes diplomáticos por el derecho internacional. Durante el ejercicio de sus cargos gozan, además, de los privilegios diplomáticos necesarios para el desempeño de sus funciones". En tanto que en el artículo 70.2 se establece que no "podrá exigirse responsabilidad en ningún tiempo a los jueces de la Corte ni a los miembros de la Comisión por votos y opiniones emitidos en el ejercicio de sus funciones". Se trata de cláusulas dirigidas sólo a cuestionar la responsabilidad personal o subjetiva de los jueces de la Corte, sin implicar el debate acerca de la responsabilidad adjetiva que puede afirmarse del organismo internacional.

22.3.- Ahora bien, la comprensión sistemática de las normas del proyecto de las Naciones Unidas para la responsabilidad internacional de los organismos internacionales, en su versión de 2011, con el artículo 25.1 de la Convención Americana de Derechos Humanos puede permitir analizar, desde la dimensión adjetiva, la responsabilidad internacional a un organismo como la Corte Interamericana de Derechos Humanos cuando se produce un daño antijurídico como consecuencia de procedimientos y decisiones que adopta esta misma. Vale la pena citar como ejemplo la sentencia de dicha Corte en el caso *"Masacre de Mapiripán"*, sentencia de 15 de septiembre de 2005, cuya reparación ordenada en la decisión judicial se evidenció que generó un daño al Estado de Colombia ya que algunos de las personas reconocidas como víctimas no tenían relación material alguna con las vulneraciones de los derechos humanos establecidas[103]. En este tipo de eventos

102 PÉREZ-PRAT DURBAN, Luis, "La responsabilidad internacional, ¿crímenes de Estados y/o individuos?", en *Anuario de la Facultad de Derecho de la Universidad Autónoma de Madrid*, N° 4, 2000, pp. 211 y 212.

103 Debe tenerse en cuenta que en la Resolución de 23 de noviembre de 2011 la Corte Interamericana de Derechos Humanos no procedió a revisar la sentencia de 15 de septiembre de 2005 en el caso *"Masacre de Mapiripán" contra Colombia*, si bien se logró identificar que seis de las personas favorecidas con la decisión judicial y sus familias no debían ser consideradas como víctimas, y

el daño que se produjo puede derivarse de reconocer a víctimas sobre las que no se produjo violación o vulneración alguna de sus derechos humanos bien por indebido recaudo o valoración probatoria, por insuficiencia de la prueba, o por débil determinación de los supuestos fácticos. Se trata de un daño que puede encuadrarse como error judicial. No obstante, la propia Corte advertida del error, mediante la Resolución de 23 de noviembre de 2011 si bien no procedió a revisar la sentencia de 15 de septiembre de 2005 en el caso "*Masacre de Mapiripán*" contra Colombia, al identificarse que seis de las personas favorecidas con la decisión judicial y sus familias no debían ser consideradas como víctimas, ordenó que no debía surtir efectos las reparaciones. Así mismo, consideró que esto no tocaba el fondo de lo resuelto, respecto de lo que afirmó el carácter definitivo e inapelable. Este caso plantea cómo pese a incurrirse en un supuesto de error judicial, la propia Corte Interamericana desplegó las acciones, dentro de sus funciones, necesarias para superar el mismo y operar bajo los presupuestos de del deber de corrección que le corresponde a todo juez, que llevaría a enervar la responsabilidad internacional que le puede corresponder a la Corte.

23.- Estos planteamientos, que procuran una propuesta a debatir, puede trasladarse a la determinación de la responsabilidad del Estado-administración de justicia cuando se trata de procedimientos y decisiones adoptadas por las "Altas Cortes" en los Estados, cuya base incuestionable afirma que puede establecerse la misma cuando se trata de este tipo de órganos judiciales. Por ejemplo, en Colombia no hay duda que la responsabilidad del Estado derivado de procedimientos y decisiones de la Corte Suprema de Justicia y del Consejo de Estado, como órganos de cierre de la jurisdicción ordinaria y contencioso administrativa, es posible de considerar. Sin embargo, dicha responsabilidad no ha sido explorada respecto de aquellos que se produzcan por las decisiones de la Corte Constitucional, por lo que cabe preguntarse si es el momento de debatir acerca de este aspecto en el ordenamiento jurídico colombiano y latinoamericano.

23.1.- La premisa en este último evento parte de considerar que órganos como la Corte Constitucional con sus procedimientos y decisiones también pueden ser objeto de cuestionamiento por responsabilidad del Estado-administración de justicia, especialmente cuando se debe tener en cuenta que todas

no surtir efectos las reparaciones. Pese a esto la Corte consideró que esto no tocaba el fondo de lo resuelto, respecto de lo que afirmó el carácter definitivo e inapelable. Corte Interamericana de Derechos Humanos, Resolución de supervisión de cumplimiento de sentencia Caso *Masacre de Mapiripán vs. Colombia*, noviembre 23 de 2011.

las instituciones del Estado en sus diferentes ámbitos del poder público están sometidos a los mandatos convencionales y constitucionales, por lo que en caso de decidirse, por ejemplo negando los derechos de ciertas comunidades, podría tener un efecto en dicha decisión por vía de tutela o de constitucionalidad contradiciendo el orden convencional de la que una persona pueda hacer derivar un daño antijurídico imputable al Estado[104].

24.- Examinados los presupuestos históricos, convencionales, el elemento esencial del acceso a la administración de justicia o la tutela judicial efectiva, y la propuesta de responsabilidad internacional de los organismos judiciales internacionales, se debe pasar a estudiar cada uno de los fundamentos de imputación de la responsabilidad del Estado-administración de justicia, iniciando por el de la privación injusta de la libertad.

104 COLOMBIA, Consejo de Estado, Sección Tercera, Sub-sección B, sentencia de 9 de octubre de 2014, expediente 28641. "A partir de la sujeción de todos los poderes del Estado a los mandatos constitucionales, se impone aceptar, entonces, que las Altas Cortes en ejercicio de sus funciones judiciales, también son sujetos pasibles de causar daño y que, cuando ello ocurra, será el juez contencioso el que determine si aquel existió o no, en aras de materializar la cláusula de responsabilidad del artículo 90 superior. Igualmente, es imperioso señalar que la mención a la seguridad jurídica, a la que se refirió la Corte, no pasa de ser formal, dado que al tiempo se aceptó que las Altas Cortes si podían desconocer derechos fundamentales, que el Juez Constitucional debía restablecer, de donde no se entiende, cómo pretender limitar la responsabilidad del Estado por la acción u omisión de aquellas, sin desconocer la cláusula general de responsabilidad, prevista en la disposición ya señalada".

II.
LA RESPONSABILIDAD DEL ESTADO-ADMINISTRACIÓN DE JUSTICIA FUNDADA EN LA PRIVACIÓN INJUSTA DE LA LIBERTAD

25.- La privación injusta de la libertad como configurador de daño antijurídico imputable al Estado, constituye una descripción objetiva de una situación anormal de la tutela judicial efectiva incorporada de manera autónoma en los artículos 9 N° 5 y 14 N° 6 del Pacto Internacional de Derechos Civiles y Políticos que claramente determinan respectivamente que *"Toda persona que haya sido ilegalmente detenida o presa, tendrá el derecho efectivo a obtener reparación"* y adicionalmente que *"Cuando una sentencia condenatoria firme haya sido ulteriormente revocada, o el condenado haya sido indultado por haberse producido o descubierto un hecho plenamente probatorio de la comisión de un error judicial, la persona que haya sufrido una pena como resultado de tal sentencia deberá ser indemnizada, conforme a la ley, a menos que se demuestre que le es imputable en todo o en parte el no haberse revelado oportunamente el hecho desconocido"*. Este mandato convencional es retomado en el artículo 68 de ley 267 de 1996 especificando que es aquella que se configura como su nombre lo dice por el *hecho de la privación injusta de la libertad* que determina un daño antijurídico imputable e indemnizable.

A. EVOLUCIÓN DE LA RESPONSABILIDAD DERIVADA DE LA PRIVACIÓN INJUSTA DE LA LIBERTAD

26.- El desarrollo de la figura en el derecho nacional ha estado signada por posiciones y modulaciones antagónicas muchas de ellas, lo que nos permite identificar en su construcción normativa y jurisprudencial las siguientes etapas:

1. Etapa de la teoría subjetiva o restrictiva

27.- En la primera etapa se consideró que en la responsabilidad del Estado por privación injusta de la libertad debía aplicarse la teoría subjetiva o restrictiva, según la cual, la responsabilidad del Estado estaba condicionada a que la decisión judicial de privación de la libertad fuera abiertamente ilegal o arbitraria, es decir, que debía demostrarse el error judicial[105]. También se sostuvo que, dicho error debía ser producto *"de la violación del deber que tiene todo juez de proferir sus resoluciones conforme a derecho, previa una valoración seria y razonable de las distintas circunstancias del caso"*[106].

27.1.- Así las cosas, tal declaratoria de responsabilidad procedía bien porque se hubiese practicado una detención ilegal, o porque la captura se hubiese producido sin que la persona se encontrara en situación de flagrancia y, que por razón de tales actuaciones, se hubiese iniciado y adelantado la investigación penal por parte de la autoridad judicial[107].

2. Etapa de la reconducción de la injusta detención a los marcos del Código de Procedimiento Penal

28.- En segundo lugar, la Sala determinó que la carga probatoria del actor relativa a demostrar el carácter injusto de la detención para obtener indemnización de perjuicios o, en otros términos, el "error de la autoridad jurisdiccional" al ordenar la medida privativa de la libertad, debía reducirse tan sólo a los casos de detención diferentes a los contemplados en el artículo 414 del Código de Procedimiento Penal (Decreto 2700 de 1991)[108]. En efecto,

---

105 COLOMBIA, Consejo de Estado, Sección Tercera. Sentencia de 1 de octubre de 1992: expediente 10923.

106 COLOMBIA, Consejo de Estado, Sección Tercera. Sentencia de 2 de mayo de 2007, expediente 15989. Puede verse también: Consejo de Estado, Sección Tercera. Sentencia de 12 de diciembre de 1990, expediente 9710; Consejo de Estado, Sección Tercera. Sentencia de 15 de septiembre de 1994, expediente 9391.

107 COLOMBIA, Consejo de Estado, Sección Tercera. Sentencia de 4 de diciembre de 2006, expediente 13168. "Ella [la sindicada] fue retenida en el curso de la investigación relacionada con el aludido secuestro; y del hecho de que hubiera sido absuelta al final no puede inferirse que fue indebida su retención. La justificación de la medida aparece plausible y nada hace pensar que en ella mediarán circunstancias extralegales o deseos de simple venganza. La investigación de un delito, cuando medien indicios serios contra la persona sindicada, es una carga que todas las personas deben soportar por igual. Y la absolución final que puedan éstas obtener no prueba, per se, que hubo algo indebido en la retención. Este extremo, de tan delicado manejo, requería pruebas robustas y serias y no meras inferencias o conjeturas".

108 Otros casos de detención injusta, distintos de los tres previstos en el artículo 414 del Código de Procedimiento Penal, podrían ser, por vía de ejemplo, los siguientes: detención por delitos cuya acción se encuentra prescrita; detención

la Sala consideró en ese entonces que "*en relación con los tres eventos allí señalados (...) la ley había calificado que se estaba en presencia de una detención injusta y que, por lo tanto, surgía para el Estado la obligación de reparar los perjuicios con ella causados*"[109].

3. Etapa de la garantía plena de la libertad

29.- Una tercera etapa y es la que prohíja la Sala actualmente, sostiene que se puede establecer la responsabilidad patrimonial del Estado por la privación de la libertad de un ciudadano cuando el proceso penal termina con sentencia absolutoria (o preclusión de la investigación) u opera por equivalencia la aplicación del in dubio pro reo, pese a que en la detención se hayan cumplido todas las exigencias legales, ya que se entiende que es desproporcionado, inequitativo y rompe con las cargas públicas soportables que una persona en el Estado Social de Derecho debe asumir, máxime cuando se compromete el ejercicio del derecho fundamental a la libertad.

30.- La Sala Plena de la Sección Tercera de la Sala de lo Contencioso Administrativo del Consejo de Estado unificó su jurisprudencia mediante sen-

---

por un delito que la legislación sustrae de tal medida de aseguramiento; detención en un proceso promovido de oficio, cuando el respectivo delito exige querella de parte para el ejercicio de la acción penal, etc. Consejo de Estado, Sección Tercera. Sentencia de 17 de noviembre de 1995, expediente 10056. Consejo de Estado, Sección Tercera. Sentencia de 12 de diciembre de 1996, expediente 10229.

109 COLOMBIA, Consejo de Estado, Sección Tercera. Sentencia de 2 de mayo de 2007, expediente 5989. "3.- En este orden de ideas, fuera de los casos señalados en el artículo 414 del Código de Procedimiento Penal, en los cuales la ley presume que se presenta la privación injusta de la libertad, cuando se pretenda obtener indemnización de perjuicios por esta causa, el demandante debe demostrar que la detención preventiva que se dispuso en su contra fue injusta; y, en tales eventos, habiéndose producido la detención preventiva por una providencia judicial, la fuente de la responsabilidad no será otra que el error jurisdiccional". (Subrayas fuera del texto original). Consejo de Estado, Sección Tercera. Sentencia de 18 de septiembre de 1997, expediente 11754. Consejo de Estado, Sección Tercera. Sentencia de 18 de diciembre de 1997, expediente 11868. Consejo de Estado, Sección Tercera. Sentencia de 27 de noviembre de 2000, expediente 47613. Consejo de Estado, Sección Tercera. Sentencia de 27 de septiembre de 2000, expediente 11601. Consejo de Estado, Sección Tercera. Sentencia de 25 de enero de 2001, expediente 11413. Consejo de Estado, Sección Tercera. Sentencia de 28 de agosto de 2003, expediente 14120.

tencia del 17 de octubre de 2013 en la que señala que "respecto del título jurídico de imputación aplicable a los eventos de privación injusta de la libertad, que se trata de un título de imputación o de un régimen de responsabilidad cuyo fundamento debe ubicarse directamente en el artículo 90 de la Constitución Política" y seguidamente expone los argumentos que amparan una especie de regla de responsabilidad objetiva del Estado, específicamente por el daño especial, en los casos de privación injusta de la libertad[110].

31.- La sentencia de unificación señala también que si bien el régimen de responsabilidad aplicable al caso de la persona privada de la libertad que finalmente resulta exonerada penalmente ya sea por sentencia absolutoria o su equivalente, es el régimen objetivo del daño especial; ello no es óbice para que también concurran los elementos necesarios para declarar la responsabilidad del Estado por falla en el servicio, caso este en el cual se determina y aconseja fallar bajo el régimen subjetivo[111].

31.1.- No obstante lo anterior, a la hora de resolver el caso concreto, esto es, en la *ratio decidendi* del fallo, la Sala Plena de la Sección Tercera habilita al juez contencioso administrativo para realice un análisis crítico del material probatorio recaudado y así determine si los argumentos que sustentan la exoneración penal, como podría ser la aplicación del principio de la in dubio pro reo, esconde deficiencias en la actividad investigativa, de recaudo o de valoración probatoria de las autoridades judiciales intervinientes, que en últimas son las que constituyen la razón verdadera que llevó a absolver al sindicado o a precluir la investigación penal a su favor.

31.2.- De la valoración que el juez contencioso administrativo hace de la actividad realizada por las autoridades judiciales intervinientes se puede desprender la concurrencia de otro tipo de hechos y de razonamientos que fueron y/o deberían haber sido los que fundamentaron la exoneración penal, situación está que incide en la identificación del título en el cual habría de sustentarse la declaratoria de responsabilidad del Estado, tal como quedó sentado por la Sala Plena de la Sección Tercera (*ratio decidendi*)[112].

---

110 COLOMBIA, Consejo de Estado, Sección Tercera. Sentencia del 17 de octubre de 2013, expediente 23354.

111 Puede verse formulada en: COLOMBIA, Consejo de Estado, Sección Tercera, Sub-sección C, sentencia de 10 de agosto de 2015, expediente 30134.

112 COLOMBIA, Consejo de Estado, Sección Tercera. Sentencia del 17 de octubre de 2013, expediente 23354. "Sin embargo, ha puesto de presente la Sección Tercera de esta Corporación que el Juez de lo Contencioso Administrativo se encuentra llamado a realizar –como en todos los casos– un análisis crítico del material probatorio recaudado en el plenario a efectos de establecer, aún

32.- A partir de esta jurisprudencia de unificación, cabe examinar la regla general prevista para el análisis de la imputación de la responsabilidad, esto es la prevalencia de la libertad para el juzgamiento de los administrados, y las reglas de excepción cuando dicho derecho puede limitarse bajo estrictas condiciones, y cumpliendo los estándares convencionales y constitucionales.

4. Etapa de la vuelta al precedente constitucional y sus dificultades jurisprudenciales

33.- En un cuarto momento la Corte Constitucional en la sentencia SU 072 de 2018 consideró que el Consejo de Estado había desconocido un precedente constitucional con efecto erga omnes e incurrió en un defecto sustantivo que provocó la vulneración de los derechos al debido proceso y a la igualdad (se refería a la sentencia de 2013, expediente 23354), para luego consolidar en su fundamento jurídico 109 que la "*única interpretación posible -en perspectiva judicial- del artículo 68 de la Ley 270 de 1996 es que el mismo* ***no establece un único título de atribución*** *y que, en todo caso, le exige al juez contencioso administrativo definir si la decisión que privó de la libertad a un ciudadano se apartó de los criterios que gobiernan la imposición de medidas preventivas, sin que ello implique la exigencia ineludible y para todos los casos de valoraciones del dolo o la culpa del funcionario que expidió la providencia, pues, será, en aplicación del principio iura novit curia, aceptado por la propia jurisprudencia del Consejo de Estado, que se establezca cuál será el régimen que ilumine el proceso y, por ende, el deber demostrativo que le asiste al demandante*".

34.- La sentencia SU-072 de 2018 de la Corte Constitucional es concordante con la sentencia C-037 de 1996 al sostenerse que "*dependiendo de las particularidades del caso, es decir, en el examen individual de cada caso, como han*

---

cuando el Juez Penal u otra autoridad lo hayan afirmado o indicado expresamente ya, si en realidad la absolución de responsabilidad penal del sindicado se produjo, o no, en aplicación del aludido beneficio de la duda o si, más bien, la invocación de éste esconde la concurrencia de otro tipo de hechos y de razonamientos que fueron y/o deberían haber sido los que sustentaran la exoneración penal, como, por ejemplo, deficiencias en la actividad investigativa, de recaudo o de valoración probatoria por parte de las autoridades judiciales intervinientes, extremo que sin duda puede tener incidencia en la identificación de título de imputación en el cual habría de sustentarse una eventual declaratoria de responsabilidad patrimonial del Estado, al igual que en el examen respecto de la procedencia de la instauración y las posibilidades de éxito de la acción de repetición en contra de los servidores públicos que con su actuar doloso o gravemente culposo pudieren haber dado lugar a la imposición de la condena en contra de la entidad estatal demandada".

sostenido el Consejo de Estado y la Corte Constitucional, el juez administrativo podrá elegir qué título de imputación resulta más idóneo para establecer que el daño sufrido por el ciudadano devino una actuación inidónea, irrazonable y desproporcionada y por ese motivo, no tenía por qué soportarse".

35.- La Sala Plena de la Sección Tercera del Consejo de Estado en la sentencia de 15 de agosto de 2018 (expediente 46947) consideró que la "*medida de aseguramiento de detención preventiva, aun cuando constitucional, pugna con la presunción de inocencia, en primer lugar, porque la libertad no es un derecho absoluto (...) y en segundo lugar, por cuanto aquella forma de restricción de la libertad no tiene relación alguna con esta última presunción, ni mucho menos comporta un desconocimiento de la misma, ya que, en la medida en que durante el proceso penal se profiera una sentencia condenatoria, la inocencia del implicado se mantiene intacta; por consiguiente, si la terminación del proceso responde a su preclusión y si, por tal razón, la inocencia de la persona se sigue presumiendo no hay cabida a hablar de un daño (mucho menos antijurídico) ni de una privación injusta de la libertad sobre la cual se pueda edificar un deber indemnizatorio fundamentado exclusivamente en la vulneración de dicha presunción*". Para luego concluir que la afirmación de la responsabilidad patrimonial del Estado por privación injusta de la libertad queda ligada indefectiblemente a la identificación del daño antijurídico.

36.- La sentencia de unificación de 2018 fue revocada, a su vez, por la Subsección B de la Sección Tercera mediante la decisión de tutela de 15 de noviembre de 2019 (expediente 11001-03-15-000-2019-00169-01).

37.- La Sección Tercera del Consejo de Estado para dar cumplimiento a lo ordenado por la Subsección B en la sentencia de 19 de noviembre de 2019 volvió a resolver el caso objeto de la unificación mediante la decisión de 6 de agosto de 2020 (expediente 46947) -queda la duda si era o no de unificación- en la que consideró (i) que el daño antijurídico estaba demostrado ya que la demandante estuvo privada de la libertad como consecuencia de la medida de aseguramiento desde el 4 de agosto de 2006 y hasta el 16 de enero de 2007; (ii) al analizar si este daño antijurídico es imputable al Estado recuerda lo definido por la Corte Constitucional en la sentencia C-037 de 1996, resaltando la regla según la cual "*el carácter injusto de la privación de la libertad debe analizarse a la luz de los criterios de razonabilidad, proporcionalidad y legalidad de la medida de aseguramiento, de ahí que se deba determinar en cada caso si existía o no mérito para proferir decisión en tal sentido, pues de no serlo, se puede llegara (sic) comprometer la responsabilidad del Estado*"; (iii) se consideró, procurando seguir la sentencia de la Corte Constitucional SU-072 de 2018, que "*el hecho de que una persona resulte privada de la libertad dentro de un proceso penal que termina con sentencia absolutoria o con resolución de preclusión, no resulta suficiente para declarar la responsabilidad patrimonial del Estado, toda vez que se debe determinar si la medida restrictiva resultó injusta y, en tal caso, generadora de un daño antijurídico imputable a la administración"*; (iv) para la Sala al examinar la decisión de imponer la medida de aseguramiento conforme a la Ley 600 de 2000 y a la Ley 906 de 2004 encontró que la Fiscalía *"no solo contaba con los elementos probatorios o indicios mínimos exigidos en el mencionado artículo 356 de la Ley 600 de 2000, los cuales permitían inferir razonadamente la probable participación (...) en la comisión de los delitos investigados, sino que también se cumplían los supuestos establecidos en los artículos 355 y 355 del mis Código de Procedimiento Penal, en tanto que se cumplían los fines de la referida medida de aseguramiento"*; (v) por lo que concluye que la medida de aseguramiento impuesta a la demandante *"no desbordó los criterios de proporcionalidad ni de razonabilidad inherentes a la adopción de este tipo de decisiones, toda vez que existían varios indicios serios de responsabilidad y pruebas en su contra que la justificaban"*; (vi) luego, el daño antijurídico no era imputable al Estado por falla en el servicio, dado que las medidas de aseguramiento no fueron arbitrarias ni irracionales, sino que se sustentaron en las *"pruebas legal y oportunamente aportadas al proceso penal, en armonía con las circunstancias y elementos con los que se contaba al momento de proferirlas"*; y, (vii) sin que haya lugar a examinar la eximente de la culpa exclusiva de la víctima si se llegó a comprender que el daño antijurídico no era imputable (en lo que incurre en un yerro conceptual porque la valoración de la eximente precede al encuadramiento jurídico de la imputación)[113].

---

113 Esta decisión tuvo cinco aclaraciones de voto que deben ser destacadas: (i) la que presentó la Consejera del Estado Martha Nubia Velásquez Rico en el que insistió en la valoración de la conducta de la víctima que *"se puede y se debe determinar, no tanto desde el comportamiento procesal inadecuado del sindicado, sino que lo importante es establecer qué clase de conducta(s) realizó el demandante para la ocurrencia de los hechos por los cuales resultó procesado, para cuyo efecto cobran total aplicación y significado los conceptos de culpa grave y dolo previstos en el Código Civil y no el criterio sentado por el juez de tutela"*; (ii) la aclaración de la Consejera de Estado María Adriana Marín consideró que en su criterio el análisis de la imputación debió adelantarse bajo el criterio de la responsabilidad objetiva *"por daño especial, el cual, efectivamente, se configuró y, en ese sentido, procedía continuar con el análisis para establecer si hubo o no culpa de la víctima, en los términos indicados en la sentencia del 15 de noviembre de 2019"*. Agrega, que compartió la decisión respecto al análisis de la culpa de la víctima porque en su criterio *"sí había lugar a reprochar la actuación de la afectada, si se tiene en cuenta la conducta omisiva de su defensor en el proceso penal, en relación con la aplicación indiscriminada de la Ley 906 de 2004, a pesar de que se trataba de un caso regido por la Ley 600 de 2000"*; (iii) en su aclaración el

38.- El 18 de julio de 2019 la Sala Plena de la Sección Tercera (expediente 44572) abordó una nueva unificación jurisprudencial en materia de responsabilidad patrimonial del Estado por privación injusta de la libertad en la que definieron ciertas cuestiones relacionadas con la tasación y liquidación de los perjuicios materiales en las modalidades de daño emergente y lucro cesante. En cuanto al daño emergente se unificaron las exigencias para el reconocimiento, tasación y liquidación de los gastos que por honorarios profesionales pueda reclamarse en este tipo de eventos, para lo que se exige como prueba no sólo el contrato con el profesional del derecho, sino también la factura o documento equivalente con el que se pueda demostrar el pago efectivo de los mencionados gastos.

39.- En tanto que del lucro cesante se unificó todo lo relativo a la superación de las presunciones *homine* que en la jurisprudencia se ha había elaborado para reconocer y liquidar esta modalidad de perjuicio material, exigiéndose la demostración de la actividad o relación laboral, la actividad productiva o económica, la cuantía y la dependencia económica de las víctimas, entre otras cuestiones.

40.- En esta última parte de este período se presentan dos fenómenos jurisprudenciales destacables: la inestabilidad y variabilidad en las tesis que están siendo aplicadas por las diferentes Subsecciones (A, B y C) de la Sección Tercera del Consejo de Estado, así como el aumento de sentencias de tutelas contra las providencias judiciales de las mismas Subsecciones y de los Tribunales Administrativos, debido a la inestabilidad que existe acerca de la posición que permita determinar la línea clara y definida acerca de la responsabilidad patrimonial del Estado por privación injusta de la libertad, que va desde la afirmación de la ausencia de daño antijurídico, pasando por

---

Consejero de Estado Guillermo Sánchez Luque consideró que la tutela "*pretendió no solo despojar al juez de la responsabilidad del Estado de su rol natural, sino deshacer la labor unificadora que corresponde exclusivamente a la Sala Plena de la Sección Tercera y al Plano del Consejo de Estado*"; (iv) el Consejero de Estado Ramiro Pazos Guerrero en su aclaración sostuvo que el caso debió haberse estudiado bajo el daño especial y que había lugar a afirmar la culpa de la víctima que "*en sede administrativa, dicho estudio no solamente comprende las actuaciones realizadas por la persona investigada durante la investigación, sino que también aquellas que se dieron antes y/o después del proceso penal*"; y, (v) el Consejero de Estado Nicolás Yepes Corrales en su aclaración consideró que "*en el caso concreto habría valido la pena analizar si los términos para calificar el mérito de la instrucción se cumplieron, pues, a mi juicio, este constituye uno de los supuestos para acreditar la privación injusta de la libertad*".

la operatividad de la eximente de responsabilidad del hecho exclusivo de la víctima, la ausencia de imputación, y el encuadramiento en los títulos o supuestos de imputación de la falla del servicio (subjetivo) y del daño especial (objetivo).

41.- Delimitados los períodos representativos de la jurisprudencia contenciosa administrativa de Colombia en materia de responsabilidad patrimonial del Estado por privación injusta de la libertada, le damos tratamiento a los elementos en los que se concreta este régimen, iniciando por el daño antijurídico.

B. EL DAÑO ANTIJURÍDICO EN LOS CASOS DE RESPONSABILIDAD DEL ESTADO POR PRIVACIÓN INJUSTA DE LA LIBERTAD

42.- En los términos y condiciones del artículo 90 constitucional y en concordancia con lo preceptuado en las en el artículo 68 de la ley 270 de 1996 el daño antijurídico en tratándose del privación injusta de la libertad, ha de entenderse como la lesión definitiva cierta, presente o futura, determinada o determinable[114], anormal[115] a un derecho[116] o a un interés jurídicamente tutelado de una persona, cometido por una autoridad que prive a otro injustamente de su libertad, privación de la libertad que la víctima no está en el deber de soportar[117].

43.- La Subsección A de la Sección Tercera del Consejo de Estado en la sentencia de 23 de octubre de 2020 (expediente 61146) consideró que la *"captura o aprehensión que se realiza con el propósito de propender por la investigación de las conductas que revisten las características de delitos y la individuali-*

114 COLOMBIA, Consejo de Estado, Sección Tercera, sentencia de 19 de mayo de 2005, expediente 2001-01541 AG.

115 COLOMBIA, Consejo de Estado, Sección Tercera, sentencia de 14 de septiembre de 2000, expediente 12166. "por haber excedido los inconvenientes inherentes al funcionamiento del servicio".

116 COLOMBIA, Consejo de Estado, Sección Tercera, sentencia de 2 de junio de 2005, expediente 1999-02382 AG.

117 Cabe advertir, que la Carta Política de 1991 introduce el concepto de daño antijurídico, cuya delimitación pretoriana no ha sido completa, y ha suscitado confusiones, especialmente con el concepto de daño especial, al entender que la carga no soportable es asimilable a la ruptura del equilibrio de las cargas públicas, lo que no puede admitirse y debe llevar a reflexionar a la jurisprudencia y a la academia de la necesidad de precisar el contenido y alcance del daño antijurídico, que sin duda alguna se enriquece desde una visión casuística.

zación de los presuntos autores de las mismas, no quebrante el derecho a la libertad de protección constitucional (artículo 28) y convencional (Pacto Internacional de Derechos Civiles y Políticos -artículo 12- y Convención Americana de Derechos Humanos -artículo 22-), siempre que las autoridades civiles y judiciales acaten de manera estricta los términos y condiciones que la ley prevé para su procedencia y materialización"[118].

44.- Con base en esta jurisprudencia se puede afirmar que la captura o aprehensión de una persona practicada dentro de una determinada investigación penal no será generadora de un daño antijurídico, siempre que se haya obedecido a las mínimas exigencias legales que autorizan a imponerla. Por lo que la misma sentencia concluye que "*si se limita la libertad de un ciudadano en cumplimiento de una orden de captura debidamente dispuesta o dentro de los eventos de la flagrancia y en acatamiento de los términos legales previstos para tal fin, la detención emerge como una carga que se está en el deber jurídico de soportar y que se justifica en el ejercicio legítimo de la acción oenal y del poder coercitivo del Estado frente a la presunta comisión de un delito*"[119].

---

118 COLOMBIA. Consejo de Estado. Sección Tercera, Subsección A, sentencia de 24 de septiembre de 2020, expediente 60282.

119 COLOMBIA. Consejo de Estado, Sección Tercera, Subsección A, sentencia de 24 de septiembre de 2020, expediente 58574. Trae esta variante "Por consiguiente, el actuar del Estado en la persecución del delito, como elemento fundante de las bases de la subsistencia y de desarrollo de la sociedad, en el marco de las exigencias legales que imponen límites materiales y formales a su obrar, de cara al respeto, protección y garantía de los derechos de los administrados, y de manera especial, al derecho a la libertad, no revela en este caso, que las decisiones y medidas proferidas por la Fiscalía General de la Nación en contra del demandante fueron injustas, sino bien por el contrario, el resultado del análisis de los requisitos que el estatuto procesal y sustantivo penal vigente para esa época exigían". COLOMBIA. Consejo de Estado, Sección Tercera, Subsección A, sentencia de 24 de septiembre de 2020, expediente 52829. Con esta otra variante: "Al respecto conviene retirar, una vez más, que el solo hecho de permanecer vinculado al proceso con la posibilidad de ser requerido por el despacho, es una carga que se deriva de los deberes constitucionales consagrados en el numeral 7 del artículo 95 Superior y que bajo ningún punto de vista puede calificarse como una ruptura de los deberes que pesan sobre cualquier ciudadano. En la preceptiva superior referida, se le exige a toda persona, sin distingo alguno, la obligación de "colaborar para el buen funcionamiento de la administración de justicia"; en otras palabras, todo ciudadano tiene el compromiso de comparecer ante las citaciones o requerimientos que le hagan las autoridades judiciales, pues es precisamente a través de esa colabo-

45.- Se trata, pues, de la afirmación de un daño que no es antijurídico y que no abre la posibilidad de iniciar el juicio de responsabilidad por la privación de la libertad de la que fue objeto un administrado o asociado[120].

46.- Se trata de una tesis que no es uniforme porque la Subsección B del Consejo de Estado de Colombia considera en la sentencia de 9 de octubre de 2020[121] (el caso del Almirante Arango Bacci) que el daño antijurídico se concreta en la privación de la libertad que padeció la víctima en un centro carcelario, pero con la confusión conceptual que la entidad de dicho daño se midió en función de su imputación a la Fiscalía General de la Nación y a la aplicación de las normas procesales penales vigentes para la época de los hechos. En esta tesis ha conicidido en algunas ocasiones la Subsección A[122].

47.- Pese a esta cambiante jurisprudencia, se abona que al examinar el daño antijurídico que se provoca con la privación de la libertad de una persona la misma Subsección B de la Sección Tercera del Consejo de Estado de Colombia haya reconocido como parte de la lesión la afectación al derecho al buen nombre, como se sostiene en la sentencia de 25 de septiembre de 2020 (expediente 46884) según la cual "*toda privación injusta de la libertad trae consigo una intensa vulneración al derecho al buen nombre de quien la padeció*"[123].

---

ración que los operadores judiciales pretenden obtener la verdad material de los hechos investigados y así lograr el fin constitucional de construir un orden jurídico justo, tal como lo prescribe el Preámbulo de la Carta Política".

120 COLOMBIA. Consejo de Estado. Sección Tercera, Subsección A, sentencia de 23 de octubre de 2020, expediente 52266. COLOMBIA. Consejo de Estado. Sección Tercera, Subsección A, sentencia de 23 de octubre de 2020, expediente 57148. COLOMBIA. Consejo de Estado, Sección Tercera, Subsección A, sentencia de 23 de octubre de 2020, expediente 61160.

121 COLOMBIA. Consejo de Estado, Sección Tercera, Subsección B, sentencia de 9 de octubre de 2020, expediente 52133. COLOMBIA. Consejo de Estado, Sección Tercera, Subsección B, sentencia de 9 de octubre de 2020, expediente 49950. COLOMBIA. Consejo de Estado, Sección Tercera, Subsección B, sentencia de 9 de octubre de 2020, expediente 51812. COLOMBIA. Consejo de Estado, Sección Tercera, Subsección B, sentencia de 11 de septiembre de 2020, expediente 51242. COLOMBIA. Consejo de Estado, Sección Tercera, Subsección B, sentencia de 11 de septiembre de 2020, expediente 48484.

122 COLOMBIA. Consejo de Estado, Sección Tercera, Subsección A, sentencia de 27 de agosto de 2020, expediente 59636.

123 COLOMBIA. Consejo de Estado, Sección Tercera, Subsección B, sentencia de 25 de septiembre de 2020, expediente 48327. COLOMBIA. Consejo de Estado, Sección Tercera, Subsección B, sentencia de 25 de septiembre de 2020, expe-

48.- En otras ocasiones la Subsección B de la Sección Tercera del Consejo de Estado de Colombia (en su reciente jurisprudencia) determina la ausencia de daño antijurídico cuando no se demuestra la prolongación de la privación de la libertad, como en la de 11 de septiembre de 2020[124].

C. El régimen jurídico de la imputación en los casos de responsabilidad del Estado por privación injusta de la libertad[125]

49.- El artículo 90 de la Constitución Política de 1991 establece el derecho de reparación en favor de la persona que hubiere sufrido un daño antijurídico por la acción u omisión de las autoridades públicas, lo que incluye sin duda aquellos daños generados por el ejercicio o con ocasión de las funciones judiciales de dichas autoridades, en especial cuando en ejercicio y ocasión de dichas funciones está de por medio la libertad de las personas. Interesa para efectos de este trabajo, este especifico tópico, pero en su versión negativa, esto es, en los eventos en que la libertad es restringida, limitada de manera injusta por el aparato judicial del Estado, en consecuencia con que razonamientos y motivaciones podemos, bajo el contexto del Estado Social y Democrático de Derecho, imputar al Estado esas conductas cuando las mismas pueden provocar daños antijurídicos.

1. La regla general para el análisis de la imputación de la responsabilidad cuando se afecta el derecho a la libertad en los procesos penales que se cursan contra los administrados[126]

50.- La libertad personal puede ser definida como *"la posibilidad y el ejercicio positivo de todas las acciones dirigidas a desarrollar las aptitudes y elecciones*

---

diente 47601. COLOMBIA. Consejo de Estado, Sección Tercera, Subsección B, sentencia de 11 de septiembre de 2020, expediente 51242. COLOMBIA. Consejo de Estado, Sección Tercera, Subsección B, sentencia de 11 de septiembre de 2020, expediente 47065. COLOMBIA. Consejo de Estado, Sección Tercera, Subsección B, sentencia de 11 de septiembre de 2020, expediente 48484.

124 COLOMBIA. Consejo de Estado, Sección Tercera, Subsección B, sentencia de 11 de septiembre de 2009, expediente 47945..

125 Puede verse sentencia de Subsección C de 26 de febrero de 2014, expediente: 28535; 8 de mayo de 2013, expediente: 25158, 11 de julio de 2013, expediente: 26736; 25 de julio de 2012, expediente: 22682; 26 de septiembre de 2012, expediente: 21232.

126 La regla general afirmada por la sentencia de la Sala Plena de la Sección Tercera de 17 de octubre de 2013: la libertad como derecho indiscutible en el juzgamiento de los administrados en un Estado Social y Democrático de Derecho.

individuales que no pugnen con los derechos de los demás ni entrañen abuso de los propios, como la proscripción de todo acto de coerción física o moral que interfiera o suprima la autonomía de la persona sojuzgándola, sustituyéndola, oprimiéndola o reduciéndola indebidamente"[127]. Esta lectura de libertad[128] se cimenta en la exigencia positiva de los mínimos estándares convencionales, constitucionales y legales, que procuran que toda persona pueda afirmarse en la sociedad como interviniente de las interacciones en el ejercicio de los derechos, lo que

---

127 COLOMBIA, Corte Constitucional, Sentencia C-301 de 1993. En el mismo sentido véanse las Sentencias C-634 de 2000 y C- 774 de 2001. HOYOS, Luis Eduardo, "Dos conceptos de libertad. Dos conceptos de democracia", en ARANGO, Rodolfo (ed), *Filosofía de la democracia. Fundamentos conceptuales*, 1ª ed, *Siglo del Hombre* Editores; Ediciones Uniandes, Bogotá, 2007, pp. 167 y 168: "[...] La libertad individual -presuntamente formal- del liberalismo clásico, asociada conceptualmente a la idea de derechos humanos universales -también presuntamente formales- es una base normativa indispensable para pensar el sistema político democrático como adecuado a la búsqueda humana del bienestar y del mayor florecimiento social [...] El mismo hombre -para decirlo en una palabra- puede ser considerado a la vez desde dos perspectivas o aspectos diferentes: ora como un organismo natural más que comparte con otros un medio natural y que vive en él según principios de adaptación biológica, ora como un agente intencional y racional que hace cálculos en el tiempo, es decir, que tiene planes de acción y de vida, y que despliega esa acción y esa vida en ámbitos sociales y dentro de marcos institucionales. Es sólo en relación con el hombre considerado como agente intencional y social que tiene sentido hablar de responsabilidad y de libertad. El concepto de libertad humana es esencialmente normativo y social".

128 ASÍS, Rafael de, *Sobre el concepto y el fundamento de los Derechos: Una aproximación dualista*, Dykinson, Madrid, 2001, pp. 56 y 57: "[...] Cabe hablar de tres sentidos de la libertad que dan lugar a otros tantos contenidos de derechos: libertad como no interferencia, libertad participación y libertad promocional. La libertad como no interferencia identifica un espacio de libertad en el que individuo puede hacer lo que quiera o escoger lo que quiere hacer. El individuo es soberano en esa parcela y el resto de sujetos y poderes tienen la obligación de no interferir esa soberanía. Pertenecen a este grupo derecho como a la vida, al honor, al pensamiento, a la conciencia, a la expresión. Se trata de los llamados derechos individuales y civiles. La libertad de participación se identifica con el reconocimiento del valor de la participación en la vida social [...] Por último la libertad promocional, trata de facilitar instrumentos necesarios y esenciales con lo que poder disfrutar de otros tipos de libertades, y por lo tanto para poder hacer o escoger lo que se quiere o para determinar qué es lo que se va a poder hacer o escoger".

representa un retorno a la idea inicial de la Declaración de 1789 que promovió la libertad a partir de la afirmación del derecho objetivo[129], sin desconocer su exigencia permanente como presupuesto para el ejercicio de los derechos de la persona[130].

50.1.- Según la jurisprudencia constitucional, el artículo 28 de la Constitución Política constituye la cláusula general del derecho fundamental a la libertad personal, íntimamente ligado a la dignidad humana[131], que afirma que toda persona es libre. Ahora bien, la libertad personal también aparece como principio constitucional sobre el cual reposa la construcción política

---

129 ZAGREBELSKY, Gustavo, *La ley y su justicia. Tres capítulos de justicia constitucional*, Trotta, Madrid, 2008, p. 97. La libertad siempre se hace cimentar en la Declaración de 1789, sin aclarar el alcance de la misma: "[...] La Déclaration de 1789 no era propiamente <<derecho positivo>>, es decir, un derecho nacido de un acto de voluntad creadora. Era, en cambio, el reconocimiento de las <<verdades>> de una filosofía política elaborada por la filosofía de las <<luces>> y presentada como el sentido común de toda una época, una verdad, sin embargo, que <<solo>> pedía salir de la teoría y ser puesta en práctica. Esta <<puesta en práctica>> era tarea de la ley, y la <<puesta en práctica>> consistía, a su vez, en la demolición de las estructuras del Ancien Regime y en la instauración del reino de la libertad y de la igualdad jurídica en una sociedad que aún no conocía ni la una ni la otra, y que solo las conocería al someterse a la legislación revolucionaria. Así pues, la liberación social de los vínculos tardofeudales de la sociedad de Antiguo Régimen no habría pasado de las doctrinas políticas a la práctica política gracias a las leyes liberales, sino gracias a leyes positivas autoritarias. Por ello, puede decirse que la Déclaration sería efectiva, no mediante el reconocimiento y la protección jurídica de ciertas situaciones subjetivas individuales de libertad, sino solo con leyes objetivas imperativas. En una palabra, las libertades de la Revolución solo podían ser derecho objetivo, no subjetivo".

130 ZAGREBELSKY, Gustavo, *El derecho dúctil. Ley, derechos, justicia*, 9ª ed, Trotta, Madrid, 2009, p. 86: "[...] Los derechos orientados a la libertad, es decir, a la voluntad, son una exigencia permanente, porque permanente es la voluntad que están llamados a proteger. La idea de los derechos continuamente en acción está estrechamente ligada a la del progreso individual y social, una idea que encierra en sí la ausencia de una conclusión, de un final".

131 Ver, entre otras, las Sentencias C-397 de 1997; C-774 del 2001 y C- 580 del 2002; C-1024 del 2002; C-730 de 2005; C-163 del 2008 y T-347 de 2010; C-127 de 2011; C-303 de 2013; T-409 de 2014; C-633 de 2014; C-745 de 2015; C-403 de 2016; C-111 de 2018; C-031 de 2019.

y jurídica del Estado, el cual encuentra fundamento en el preámbulo[132] y en otras disposiciones constitucionales[133] y convencionales, que intrínsecamente puede concebirse ilimitadamente, pero que debe corresponderse con limitaciones necesarias para que opere la cláusula rousseauniana del contrato social[134].

50.2.- Desde la perspectiva de la convencionalidad, la protección de la libertad exige la consideración y el respeto estricto a los mandatos de los artículos 1.1 (compromiso de los Estados por el respeto a los derechos y libertados reconocidos en la Convención, procurar su libre y pleno ejercicio), 2 (adopción de todas la medidas para hacer eficaz el ejercicio de los derechos y libertades), pero especialmente del artículo 7 de la Convención Americana de Derechos Humanos. Este, el artículo 7, es un mandato convencional que exige no sólo su respeto, sino que en virtud de la convencionalidad demanda de todas las autoridades, singularmente las judiciales, tener en cuenta ciertos criterios al momento de la procura y restricción de la libertad: (1) el respeto se afirma respecto de toda persona; (2) la regla general es que no procede la privación física de la libertad, salvo "por las causas y en las condiciones fijadas de antemano por las Constituciones Políticas de los Estados Partes o por las leyes dictadas conforme a ellas"; (3) no procede en ningún caso la detención o encarcelamiento arbitrario; (4) cuando una persona es detenida o privada de

---

132 Según lo dispuesto en el preámbulo de la Constitución, la libertad es uno de los bienes que se debe asegurar a los integrantes de la nación.

133 Así, por ejemplo, en el artículo 2 de la Constitución se establece como fin esencial del Estado la garantía de los principios y los derechos constitucionales; por su parte, el artículo 29 regula la garantía del debido proceso y el principio de presunción de inocencia. En este sentido véase Corte Constitucional, Sentencia C-397 de 1997 y C-163 del 2008.

134 ZAGREBELSKY, Gustavo, *El derecho dúctil. Ley, derechos, justicia, ob., cit.*, p. 87: "[...] Los derechos orientados a la libertad, reconocidos a los particulares para los particulares, es decir, para garantizar el <<señorío de su voluntad>>, son intrínsecamente ilimitados [...] Sin embargo, salvo que se acepte la concepción extrema de los derechos orientados a la voluntad, característica, por ejemplo, del darwinismo social radical a lo Spencer, los límites son posibles e incluso necesarios, aunque sólo como límites extrínsecos y al único objeto de prevenir la colisión destructiva de los propios derechos y de posibilitar su ejercicio a todos, tal como se expresa el artículo 4 de la Declaración de 1789. Desde esta perspectiva, los únicos límites a los derechos son también, y exclusivamente, los derechos (de los demás). La ley -como ocurre en la filosofía política kantiana- no tiene atribuida otra competencia que la de establecer los confines entre los distintos grupos de derechos de cada sujeto jurídico".

su libertad debe oportunamente informársele las razones de tales medidas y notificarse con base en qué cargos se procede a las mismas; (5) cuando una persona es detenida o privada de su libertad se le garantiza su puesta a disposición de una autoridad judicial, teniendo ésta la obligación de juzgarlo en un término razonable, o a determinar su libertad aunque continúe vinculada al proceso penal; (6) la libertad puede condicionarse si de ello depende garantizar que se asegure la comparecencia a juicio de la persona procesada, y el logro de la justicia material dentro del caso que se adelante; (7) en todo caso la persona detenida o privada de la libertad puede acudir ante una autoridad judicial para que resuelva acerca de la legalidad de las mismas; (8) la amenaza de ser detenido o privado de la libertad ante la que pueda exponerse una persona debe contar con la garantía del recurso efectivo para que la autoridad judicial resuelva su legalidad; y (9) no hay lugar a detención por deudas, salvo lo relacionado con el incumplimiento de los deberes alimentarios.

50.3.- Dichas reglas convencionales, además, se deben corresponder con las garantías judiciales establecidas en los artículos 8,1 y 25 de la Convención Americana de Derechos Humanos, de los que se desprende los siguientes mandatos convencionales: (1) afirmación plena de los derechos de defensa, debido proceso y contradicción; (2) obligación para que toda persona sea juzgada por un juez independiente e imparcial; (3) derecho a la presunción de inocencia, salvo que "establezca legalmente su culpabilidad"; (4) respeto por el non bis in ídem y la cosa juzgada; (5) publicidad en el proceso penal, salvo en los casos en los que deba preservarse los intereses de la justicia; (6) juzgamiento de acuerdo con la ley penal previa, cierta y escrita; y (7) derecho al ejercicio de "un recurso sencillo y rápido" ante las autoridades judiciales competentes.

50.4.- Ahora bien, bajo los postulados del Estado de Derecho[135], la premisa doctrinaria inicial es que cuando se analiza la libertad en el marco de los procesos penales, su privación sólo debería ser consecuencia de una sentencia condenatoria, con el fin de proteger el principio universal de la presunción de

---

135 ASÍS, Rafael de, *Sobre el concepto y el fundamento de los Derechos: Una aproximación dualista, ob., cit.*, pp. 44 y 45: El modelo estricto de Estado de Derecho "se caracteriza por situar esta fórmula dentro de un concepto finalista del derecho, caracterizado por su configuración como una técnica de control social puesta al servicio de una determinada forma de entender a los individuos en donde se destaca su autonomía". Puede verse también en este sentido: HUMBOLT, W. Von, *Los límites de la acción del Estado*, Tecnos, Madrid, 1988; RAZ, Joseph, *La autoridad del derecho*, UNAM, México, 1985.

inocencia, establecido en el artículo 29 de la Constitución Política. Sin embargo, *"(...) para los intereses de la investigación y de la justicia, y la efectividad de la sanción, es indispensable que los funcionarios judiciales, antes de proferir sentencia condenatoria, puedan tomar ciertas medidas entre las que se cuenta la privación de la libertad del procesado (...)"*[136]*. Dichas medidas, pueden afectar total o parcialmente la libertad de las personas.*

50.5.- Sin embargo, debido a las dos dimensiones antes mencionadas (convencional y constitucional), las restricciones a la libertad tienen un carácter eminentemente excepcional, pues, en defensa del interés general, solamente proceden si previamente se cumplen ciertos requisitos formales y materiales que se desprenden del propio artículo 28 constitucional. En otras palabras, las medidas restrictivas de la libertad se admiten bajo determinadas *condiciones* y por *motivos* que deben estar previamente definidos en la ley[137].

50.6.- En cuanto a los requisitos formales, la limitación de la libertad de una persona, en el marco de los procedimientos penales, está condicionada a que exista un mandamiento escrito de autoridad judicial competente[138], y a

---

136 COLOMBIA, Consejo de Estado, Sección Tercera. Sentencia del 30 de marzo de 2011, expediente 33238.

137 Según lo dispuesto en el Pacto Internacional de Derechos Civiles y Políticos, ratificado por Colombia mediante la Ley 74 de 1968, "Nadie podrá ser privado de su libertad, salvo por las causas fijadas por la ley y con arreglo al procedimiento establecido en esta (...)". Por su parte, la Convención Americana de Derechos Humanos, ratificada por la Ley 16 de 1972 señala, 1. Toda persona tiene derecho a la libertad y a la seguridad personal. 2. Nadie puede ser privado de su libertad física, salvo por las causas y en las condiciones fijadas de antemano por las constituciones políticas de los Estados o por las leyes dictadas conforme a ellas". En este mismo sentido el Decreto Ley 2700 de 1991 y la Ley 600 de 2000 ordenan que "toda persona tiene derecho a que se respete su libertad. Nadie puede ser molestado en su persona o familia, ni privado de su libertad, ni su domicilio registrado, sino en virtud de mandamiento escrito de autoridad judicial competente, emitido con las formalidades legales y por motivos previamente definidos en la ley". Así mismo, el artículo 6 de la Ley 599 de 2000 dispone, "nadie podrá ser juzgado sino conforme a las leyes preexistentes al acto que se le imputa, ante el juez o tribunal competente y con la observancia de la plenitud de las formas propias de cada juicio".

138 La única excepción a la exigencia de mandamiento judicial escrito está prevista en el artículo 32 de la Constitución Política, pues se permite que el delincuente que sea sorprendido en flagrancia sea aprehendido y llevado ante autoridad judicial por cualquier persona.

que dicha orden se efectúe con las formalidades legales. Además, *"toda persona detenida preventivamente será puesta a disposición del juez competente dentro de las treinta y seis (36) horas siguientes, para que éste adopte la decisión correspondiente en el término que establezca la ley"*.

50.7.- Respecto de los motivos de privación de la libertad, la Constitución exige la sujeción al principio de legalidad, esto es, que los motivos por los cuales procede la medida estén previamente definidos en la ley; así como también, los procedimientos a través de los cuales se lleva a cabo[139]. Ahora bien, el poder de configuración legislativa tampoco es absoluto, pues la tarea del legislador está sujeta a los postulados y preceptos superiores, específicamente de los principios de separación de poderes[140], de razonabilidad y proporcionalidad[141]; y, además, podrá ser objeto de control de constitucionalidad[142].

50.8.- En definitiva, este conjunto de reglas que deben observar las autoridades judiciales competentes[143] al momento de restringir la libertad

---

139 Así, el Artículo 7° de la Ley 65 de 1993, "Por la cual se expide el Código Penitenciario y Carcelario", señala que "La privación de la libertad obedece (i) al cumplimiento de pena, (ii) a detención preventiva o (iii) captura legal". Por otra parte, la Ley 906 de 2004, "por la cual se expide el Código de Procedimiento Penal", en su Artículo 296, establece: "La libertad personal podrá ser afectada dentro de la actuación cuando sea necesaria (i) para evitar la obstrucción de la justicia, o (ii) para asegurar la comparecencia del imputado al proceso, (iii) la protección de la comunidad y de las víctimas, o (iv) para el cumplimiento de la pena".

140 COLOMBIA, Corte Constitucional, Sentencia C-1001 de 2005; C-1040 de 2005; C-034 de 2006; C-174 de 2006; T-382 de 2006; C-860 de 2006; C-141 de 2010; C-577 de 2019; C-242 de 2020.

141 COLOMBIA, Corte Constitucional, Sentencia C-397 de 1997; C-592 de 1998; C-371 de 2000; C-557 de 2001; C-393 de 2002; C-622 de 2003; C-576 de 2004; C-663 de 2007; C-575 de 2009; C-365 de 2012; C-742 de 2012; C-934 de 2013; C-035 de 2014; C-496 de 2015; C-233 de 2016; C-391 de 2017; T-091 de 2018.

142 COLOMBIA, Corte Constitucional, Sentencia C-730 de 2005.

143 Bajo el régimen de la Constitución anterior, sólo se exigía que la privación de la libertad fuese adelantada por autoridad competente. Sin embargo, la Constitución de 1991 atribuyó dicha competencia expresamente a las autoridades judiciales. A juicio de la Corte Constitucional, este cambio tuvo como fundamento el principio de separación de poderes, pues los jueces se convierten, frente al ejecutivo y al legislativo, en los principales defensores de los derechos individuales; por esta razón, la protección de dichos derechos se confió a la rama judicial, como garantía de imparcialidad e independencia, atributos propios de esta rama del poder público. *Cfr.* Sentencia T-490 de 1992.

personal se establecen para garantizar, entre otras cosas, la existencia de razones jurídicas suficientes que justifiquen la limitación de la libertad; la protección del detenido; la prevención de detenciones arbitrarias y, en general, de cualquier otro evento que pueda producir la vulneración de derechos fundamentales[144].

50.9.- Dentro de las circunstancias que pueden dar lugar a restricciones legales a la libertad personal se encuentran las medidas de aseguramiento. Éstas hacen parte de las llamadas medidas cautelares, es decir, aquellas medidas tomadas por las autoridades judiciales, de oficio o a petición de parte, sobre bienes o personas con el fin de asegurar el cumplimiento de las decisiones tomadas en el proceso, garantizar la presencia de los sujetos procesales y generar tranquilidad jurídica y social en la comunidad[145].

50.10.- Ahora bien, las medidas cautelares, entre ellas la detención preventiva, por regla general tienen un carácter provisional o temporal y se encuentran en una relación de estricta sujeción con el principio de legalidad, esto es, se deben decretar bajo el riguroso cumplimiento de los requisitos convencionales, constitucionales y legales. Así mismo, la detención preventiva y la privación de la libertad como medida cautelar puede justificarse excepcionalmente para la defensa social, para prevenir el peligro procesal, sin perjuicio que sólo ésta última sea en la que se sustenta la jurisprudencia moderna[146].

---

144 COLOMBIA, Corte Constitucional, Sentencias C-397 de 1997; C-626 de 1998; C-189 de 1999; C-087 de 2000; C-1024 de 2002; C-530 de 2003; C-928 de 2009; C-303 de 2019.

145 COLOMBIA, Corte Constitucional, Sentencia C-774 de 2001. MATÍAS PINTO, Ricardo, "Los motivos que justifican la prisión preventiva en la jurisprudencia extranjera", en *Revista Latinoamericana de Derecho*, Año IV, números 7-8, enero-diciembre de 2007, p. 308: "La utilización de una detención con fines de prevención general constituye una violación a una de las garantías procesales consagradas en las revoluciones liberales del siglo XVIII en tanto el Estado, como Estado de derecho, solo puede privar de la libertad a una persona, que es inocente, luego de la realización de un juicio. Señala Ferrajoli que si es verdad que los derechos de los ciudadanos están amenazados no sólo por los delitos, sino también por las penas arbitrarias, la presunción de inocencia no es sólo una garantía de la libertad y verdad, sino también una garantía de seguridad o, si se quiere, de defensa social; de esa seguridad ofrecida por el Estado de derecho, expresada en la confianza en la justicia, como defensa ante el poder punitivo".

146 Hobbes justificó la detención preventiva o la privación de la libertad siempre que existiera la necesidad de asegurar la presencia del acusado, en la medida en que "no constituye un castigo, pues supone que ningún hombre es casti-

50.11.- Así las cosas, con fundamento en el artículo 29 de la Constitución Política, se establecieron que las medidas de aseguramiento están sometidas a dos tipos de requisitos. Por una parte, requisitos de tipo formal, esto es, que la medida se adopte mediante providencia interlocutoria que contenga la indicación de los hechos que se investigan, la calificación jurídica y los elementos probatorios que sustentan la adopción de la medida; y en segundo lugar, los requisitos sustanciales, mediante los cuales se exige para su adopción la existencia de por lo menos un indicio grave de responsabilidad, con base en las pruebas legalmente producidas en el proceso[147].

50.12.- Ahora bien, no siendo la detención preventiva una medida sancionatoria, sino, precisamente una medida de prevención, no resulta contraria al principio de presunción de inocencia, por cuanto no se trata de una pena y su uso debe ser excepcional, tal como lo ha entendido y predicado la Corte Interamericana de Derechos Humanos:

> *De acuerdo con el artículo 7.1 de la Convención Americana "la protección de la libertad salvaguarda <tanto la libertad física de los individuos como la seguridad personal en un contexto en el que la ausencia de garantías puede resultar en la subversión de la regla del derecho y en la privación a los detenidos de las formas mínimas de protección legal>"*[148].
>
> *"El Tribunal entiende que la prisión preventiva es la medida más severa que se puede aplicar al imputado de un delito, motivo por el cual su aplicación debe tener* ***carácter excepcional****, en virtud de que se encuentra limitada por los principios de legalidad, presunción de inocencia, necesidad y proporcionalidad, indispensables en una sociedad democrática"*[149] *(negrilla propia).*

---

gado antes de haber sido sometido a audiencia pública". Según Beccaria "la prisión preventiva es necesaria contra el peligro de fuga o de obstaculización de las pruebas". Cita tomada de FERRAJOLI, Luigi, *Derecho y razón. Teoría del garantismo penal,* Trotta, Madrid, 1995, p. 552.

147 COLOMBIA, Decreto Ley 2700 de 1991, artículos 388 y 389.

148 Corte Interamericana de Derechos Humanos. Caso *García Asto y Ramírez Rojas vs. Perú*. Sentencia de 25 de noviembre de 2005, párrafo 104. Puede verse en similar sentido: Caso *Tibi*. Sentencia de 7 de septiembre de 2004. Caso *Hermanos Gómez Paquiyauri*. Sentencia de 8 de julio de 2004.

149 Corte Interamericana de Derechos Humanos. Caso *García Asto y Ramírez Rojas vs. Perú*. Sentencia de 25 de noviembre de 2005, párrafo 106. Puede verse en similar sentido: Caso *Instituto de Reeducación del menor*. Sentencia de 2 de septiembre de 2004.

*La detención preventiva "**es una medida cautelar, no punitiva**"[150] (negrilla propia).*

*En un "Estado de derecho corresponde al juzgador garantizar los derechos del detenido, autorizar la adopción de medidas cautelares o de coerción, **cuando sea estrictamente necesario**, y procurar, en general, que se trate al inculpado de manera consecuente con la presunción de inocencia"*[151] (negrilla propia).

50.13.- Una vez se encuentre probado que el derecho fundamental a la libertad de una persona ha sido vulnerado como consecuencia de una decisión judicial, lo que se ha constituido en un daño antijurídico a la luz del artículo 90 de la C.P, debe determinar si cabe imputarlo al Estado. Esto es, desde una perspectiva garantista, la privación injusta de la libertad no sólo se configura cuando la medida de aseguramiento impone que su cumplimiento sea intramural, sino también, cuando se ordena la detención domiciliaria[152], o cuando la medida de aseguramiento establece restricciones para salir del país o cambiar de domicilio[153].

50.14.- En consecuencia, si bien el legislador señaló expresamente los eventos en los cuales se habría producido por parte del Estado una detención injusta, esto no significa que otras afectaciones de los derechos de libertad, como la libertad de locomoción y de fijar domicilio (C.P. artículo 24), no puedan dar lugar a que se declare la responsabilidad de la Administración, pues, sin duda alguna, en estos casos también se estaría ante una carga desproporcionada impuesta a un ciudadano[154].

50.15.- Sin perjuicio de lo anterior, cabe reiterar cómo desde la perspectiva del derecho interamericano de los derechos humanos el uso abusivo de la detención preventiva "es contrario a la esencia misma del Estado democrático

150 Corte Interamericana de Derechos Humanos. Caso *García Asto y Ramírez Rojas vs. Perú*. Sentencia de 25 de noviembre de 2005, párrafo 106. Puede verse en similar sentido: Caso *Suárez Rosero*. Sentencia de 12 de noviembre de 1997.

151 Corte Interamericana de Derechos Humanos. Caso *García Asto y Ramírez Rojas vs. Perú*. Sentencia de 25 de noviembre de 2005, párrafo 109.

152 COLOMBIA, Sección Tercera. Sentencia del 1 de marzo de 2006, expediente 15537.

153 COLOMBIA, Sección Tercera. Sentencia del 6 de marzo de 2008, expediente 16075.

154 COLOMBIA, Sección Tercera. Sentencia del 6 de marzo de 2008, expediente 16075.

de derecho, y que la instrumentalización en los hechos del uso de esta medida como una forma de justicia expedita de la que eventualmente resulta una suerte de pena anticipada, es abiertamente contraria al régimen establecido por la Convención y la Declaración Americanas.

50.16.- Por otro lado, "el uso de la detención preventiva es un factor importante de la calidad de la administración de justicia, y por lo tanto, directamente relacionado con la democracia"[155]. En esa perspectiva, la Corte Interamericana de Derechos Humanos en la construcción convencional desde la sentencia del caso *Velásquez Rodríguez vs. Honduras*, de 29 de julio de 1988, consideró que "por graves que puedan ser ciertas acciones y por culpables que puedan ser los reos de determinados delitos, no cabe admitir que el poder pueda ejercerse sin límite alguno o que el Estado pueda valerse de cualquier procedimiento para alcanzar sus objetivos, sin sujeción al derecho o a la moral"[156].

50.17.- Dicho presupuesto da continuidad a lo sostenido por la misma Corte en la Opinión Consultiva OC-8/87, según la cual "el concepto de derechos y libertades y, por ende, el de sus garantías, es también inseparable del sistema de valores y principios que lo inspira. En una sociedad democrática los derechos y libertades inherentes a la persona, sus garantías y el Estado de Derecho constituyen una tríada, cada uno de cuyos componentes se define, completa y adquiere sentido en función de los otros"[157].

50.18.- La anterior construcción tuvo una decantación en la sentencia del caso *Yvon Neptune vs. Haití*, de 6 de mayo de 2008, donde se sentó como principio que "independientemente de la naturaleza o gravedad del crimen que se persiga, la investigación de los hechos y eventual enjuiciamiento de determinadas personas deben desarrollarse dentro de los límites y conforme a los procedimientos que permitan preservar la seguridad pública en el marco del pleno respeto de los derechos humanos"[158]. Tesis que recientemente la Corte Interamericana de Derechos Humanos reitera enel caso *Fernández Prieto*

155 Comisión Interamericana de Derechos Humanos, Informe sobre el uso de la prisión preventiva en las Américas, Documento OEA/Ser.L/V/II. Doc. 46/13, 30 de diciembre de 2013.

156 Corte Interamericana de Derechos Humanos, sentencia de 29 de julio de 1988, caso *Velásquez Rodríguez vs. Honduras*.

157 Corte Interamericana de Derechos Humanos, Opinión Consultiva OC-8/87, de 30 de enero de 1987, "El *Hábeas Corpus* bajo suspensión de garantías".

158 Corte Interamericana de Derechos Humanos, sentencia de 6 de mayo de 2008, caso *Yvon Neptune vs. Haití*.

y Tumbeiro vs Argentina, de 1 de septiembre de 2020, donde sostuvo que la "la restricción del derecho a la libertad personal únicamente es viable cuando se produce por las causas y en las condiciones fijadas de antemano por las Constituciones Políticas o por las leyes dictadas conforme a ellas (aspecto material), y además, con estricta sujeción a los procedimientos objetivamente definidos en las mismas (aspecto formal). Esto así, en mérito de que es la propia Convención la que remite al derecho interno del Estado en cuestión, motivo por el que tal remisión no supone que la Corte deje de fallar de acuerdo a la Convención, sino precisamente que debe hacerlo conforme a ella y no según el referido derecho interno. La Corte no realiza, en tal eventualidad, un control de constitucionalidad ni tampoco de legalidad, sino únicamente de convencionalidad".

50.19.- Dentro de los mandatos convencionales su base fundamental se encuentra en el principio de presunción de inocencia, la que ha sido reconocida convencionalmente por diferentes instrumentos internacionales de protección de los derechos y libertades, tales como el artículo 11.1 de la Declaración Universal de Derechos Humanos, el artículo 14.2 del Pacto Internacional de Derechos Civiles y Políticos, el artículo XXVI de la Declaración Americana y artículo 8.2 de la Convención Americana de Derechos Humanos.

50.20.- Dicho principio, a su vez, tiene sustento en tres sub-principios (1) de trato humano (que implica que "la reclusión de una persona no debe conllevar restricciones o sufrimientos que vayan más allá de aquellos que sean inherentes a la privación de la libertad"[159]); (2) de posición de garante del Estado; y, (3) de compatibilidad entre el respeto de los derechos fundamentales de las personas privadas de la libertad y el cumplimiento de los fines de la seguridad ciudadana.

50.21.- La tutela convencional del primero de los principios, esto es, de la presunción de inocencia se consolida en la jurisprudencia de la Corte Interamericana de Derechos Humanos de la que cabe extraer en el despliegue de los mandatos normativos convencionales del artículo 7 de la Convención Americana de Derechos Humano, los límites que impone dicho principio: (1) las "detenciones programadas y colectivas, las que no se encuentran fundadas en la individualización de conductas punibles y que carecen del control judicial, son contrarias a la presunción de inocencia, coartan indebidamente

159 Comisión Interamericana de Derechos Humanos, Informe sobre los derechos humanos de las personas privadas de la libertad en las Américas, Documento OEA/Ser.L/V/II, adoptado el 31 de diciembre de 2011.

la libertad personal y transforman la detención preventiva en un mecanismo discriminatorio"[160].

50.22.- Es precisamente a partir del último de los principios que la sentencia de la Sala Plena de Sección Tercera de 17 de octubre de 2013 se encuadra para aplicar las reglas de excepción, con fundamento en el principio de compatibilidad entre el respeto de los derechos fundamentales de las personas privadas de la libertad y el cumplimiento de los fines de la seguridad ciudadana.

50.23.- Dicha línea jurisprudencial se supera con la unificación de la Sala Plena de la Sección Tercera del Consejo de Estado de 15 de agosto de 2018, en la que el respeto de la libertad personal queda sujeta a la valoración del daño antijurídico y a su concreción, ya que la actuación, comportamiento y conducta de la vícitma es relevante para desvirtuarlo por haber operado el hecho exclusivo de la víctima.

50.24.- Dicha postura se reconduce por la Corte Constitucional en la sentencia SU-072 de 2018 en la que se defiende la concepción que del daño antijurídico dejó sentada la sentencia C-037 de 1996 y que procura la tutela eficaz y efectiva de la libertad personal ante las atribuciones que tiene el Estado para restringirla al imponer una captura, detención o privación de la libertad.

2. Las reglas de excepción al juzgamiento en libertad de los administrados

51.- Establecida la regla general del juzgamiento en libertad de las personas dentro del proceso penal, ratificado por la sentencia de la Sala Plena de

---

160 Corte Interamericana de Derechos Humanos, caso *Servellón García y otros vs. Honduras*, sentencia de 21 de septiembre de 2006. Corte Interamericana de derechos Humanos, *caso Zegarra Marín vs Perú*, sentencia de 15 de febrero de 2017. "En relación con el alcance del principio de presunción de inocencia, la Corte resaltó que este principio es un eje rector en el juicio y un estándar fundamental en la apreciación probatoria que establece límites a la subjetividad y discrecionalidad de la actividad judicial. Así, en un sistema democrático la apreciación de la prueba debe ser racional, objetiva e imparcial para desvirtuar la presunción de inocencia y generar certeza de la responsabilidad penal. Respecto del valor probatorio de las declaraciones de coimputados, la Corte resaltó que las declaraciones de los co-acusados revisten valor indiciario y, por consiguiente, forman parte de la prueba indirecta o indiciaria, debiendo valorar sus contenidos conforme a los principios de la sana crítica; es decir, que para alcanzar una condena es necesario que sean varios los indicios y que, entre ellos, sean serios y precisos, así como concordantes. El coimputado no tiene el deber de presentar declaraciones dado que realiza un acto sustancial de defensa, a diferencia del testigo".

Sección Tercera de 17 de octubre de 2013, la misma providencia de unificación plantea ciertas excepciones, las cuales se ajustan a los principios convencionales y constitucionales expuestos, a dicha regla, con las que se pretende delimitar el alcance del derecho a la libertad, que no puede entenderse en términos absolutos[161], y la procedencia de medidas con las que se prive la libertad[162],

---

161 RAWLS, John, *Teoría de la justicia*, 2ª ed., 7ª reimp., Fondo de Cultura Económica, México, 2010, p. 193: "[...] cualquier libertad puede ser explicada con referencia a tres cosas: los agentes que son libres, las restricciones o límites de los que están libres y aquellos que tienen libertad de hacer o no hacer [...] La descripción general de la libertad tiene, entonces, la siguiente forma: esta o aquella persona (o personas) está libre (o no está libre) de esta o aquella restricción (o conjunto de restricciones) para hacer (o no hacer) tal y cual cosa [...] La mayoría de las veces discutiré la libertad en relación con las restricciones constitucionales y jurídicas. En estos casos la libertad consiste en una determinada estructura de instituciones, un sistema de reglas públicas que definen derechos y deberes [...] las personas se encuentran en libertad de hacer algo cuando están libres de ciertas restricciones para hacerlo o no hacerlo y cuando su hacerlo o no está protegido frente a la interferencia de otras personas [...] No sólo tiene que estar permitido que los individuos hagan algo o no lo hagan, sino que el gobierno y las demás personas tienen que tener el deber jurídico de no obstaculizar [...] las libertades básicas habrán de ser evaluadas como un todo, como un sistema único" [subrayado fuera de texto].

162 KAUFMANN, Arthur, *Filosofía del derecho*, 2ª reimp, Universidad Externado de Colombia, Bogotá, 2006, pp. 439 y 440: "[...] una presunción general no se pronuncia ni a favor de que el hombre sea libre, siempre y en todos los aspectos, ni en pro de que no lo sea nunca y bajo ningún aspecto (no hay, en consecuencia, espacio para una decisión "en caso de duda"). El conocimiento que proviene de la experiencia nos dice, no obstante, que el hombre es tanto libre como no libre; en algunas ocasiones, más aquello, en algunas otras, más esto otro. El problema consiste en saber cuándo y dónde se debe postular razonablemente libertad, y cuándo y dónde se debe postular razonablemente no libertad. La regulación de la incapacidad de la culpabilidad así como de la capacidad reducida de culpabilidad [...] Merece consideración el hecho de que no se dice positivamente cuándo ha de tenerse por existente la libertad o la culpabilidad, sino negativamente cuándo ha de presumirse la no existencia de libertad o de culpabilidad [...] Todo juez penal podrá dar testimonio de que muchos autores prefieren un bien delimitado castigo por culpabilidad a una medida de aseguramiento que no esté determinada con precisión en el tiempo y bajo la cual, en ciertas circunstancias, se les obligará incluso a someterse a terapia".

siempre que se cumpla con requisitos específicos y expresos, y que se corresponda con las exigencias convencionales y constitucionales[163].

51.1.- De acuerdo con la mencionada sentencia de la Sala Plena de la Sección Tercera "si en realidad la absolución de responsabilidad penal del sindicado se produjo, o no, en aplicación del aludido beneficio de la duda o si, más bien, la invocación de éste esconde la concurrencia de otro tipo de hechos y de razonamientos que fueron y/o deberían haber sido los que sustentaran la exoneración penal, como, por ejemplo, deficiencias en la actividad investigativa, de recaudo o de valoración probatoria por parte de las autoridades judiciales intervinientes, extremo que sin duda puede tener incidencia en la identificación de título de imputación en el cual habría de sustentarse una eventual declaratoria de responsabilidad patrimonial del Estado".

51.2.- En el derecho interamericano de los derechos humanos la justificación de la detención preventiva o de la privación de la libertad se encuentra en las siguientes reglas: (1) si se afirma la presunción de culpabilidad del procesado[164]; (2) existe peligro de fuga; (3) cuando existe la necesidad de investigar; (4) si se presenta un riesgo inminente de presión o sujeción indebida a testigos; y, (5) con el objetivo de preservar el orden público.

51.3.- En contraste, el derecho europeo de derechos humanos, especialmente en la sentencia de la Corte Europea Yagci y Sargin vs Turquía, de 1995, consideró que "la sospecha fundada de que los acusados habrían cometido los delitos investigados es una condición indispensable para validar la legitimidad de la prisión preventiva"[165]. En tanto que, en el caso *Neumeister vs.*

---

163 RAWLS, John, *Teoría de la justicia., ob., cit.*, p. 194: "[...] si bien las libertades iguales para todos pueden restringirse, estos límites están sujetos a determinados criterios expresados por el significado de libertad igual y el orden lexicográfico de los dos principios de la justicia". FERRAJOLI, Luigi, *Principia iuris. Teoría del derecho y de la democracia. 2. Teoría de la democracia,* Trotta, Madrid, 2011, p. 323: "[...] la minimización de las restricciones de la libertad personal viene impuesta por el valor constitucional de tal inmunidad como derecho fundamental. De aquí la necesidad no sólo de una drástica superación de la actual centralidad de la pena de privación de libertad, sino también de una drástica restricción de los presupuestos de la privación cautelar de libertad, que, según ya he dicho, deberían quedar limitados en exclusiva al riesgo de contaminación de las pruebas y por el tiempo estrictamente necesario para el primer interrogatorio".

164 Comisión Interamericana de Derechos Humanos, Informe 2/97.

165 MATÍAS PINTO, Ricardo, "Los motivos que justifican la prisión preventiva en la jurisprudencia extranjera", *ob., cit.*, p. 315.

Austria, de 27 de junio de 1968, la Corte planteó las siguientes reglas: (1) las autoridades judiciales no tienen la posibilidad de "elegir entre detener al imputado hasta que se realice el juicio en tiempo razonable o liberarlo con garantías suficientes para prevenir su fuga"; (2) la "razonabilidad del tiempo en el cual una persona ha estado detenida antes del juicio debe ser ponderada en relación con la detención, y debe ser presumido inocente hasta tanto se dicte una eventual condena"; (3) la determinación si la detención preventiva excede lo razonable debe valorarse "los hechos a favor y en contra de los requisitos que llevaron al dictado de la detención y considerar si existe un genuino requerimiento que justifica salir del principio conforme al cual la libertad es la regla"; y, (4) cuando se sustenta en el peligro de fuga, debe ponderarse "para considerar junto con otros factores, como el carácter del imputado, su moral, si tiene domicilio, ocupación, bienes, lazos familiares y la comunidad en donde está siendo acusado, como así también el tiempo que lleva en detención sin juicio".

51.4.- Las restricciones a la regla general de la libertad también ha sido sostenida por la jurisprudencia del Tribunal Supremo de los Estados Unidos (caso "*Salerno*"), según la cual "los intereses del gobierno en preservar la seguridad de la comunidad pueden, en circunstancias apropiadas, restringir la libertad de los individuos. Por ejemplo, en tiempos de guerra o insurrección, cuando los intereses de la sociedad están en juego, el gobierno puede detener a los individuos que cree que son peligrosos... Aun sin que exista una guerra, la Corte ha afirmado que los intereses del gobierno pueden justificar la detención de personas peligrosas. Por lo tanto, el tribunal sostuvo en otra oportunidad que no encuentra ninguna barrera constitucional para detener a inmigrantes ilegales que son potencialmente peligrosos, cuando está pendiente su deportación... También se ha sostenido que el gobierno puede detener a personas con problemas psiquiátricos que presentan un peligro para el público... También se ha autorizado la detención de jóvenes, menores que presentan un peligro a la sociedad...

51.5.- Si la policía sospecha que un individuo cometió un delito, está autorizada a detenerlo y presentarlo ante un juez para determinar si existe causa probable"[166].

166 FRESSLER, Joshua, *Understanding Criminal Procedure*, 2ª ed, California, 1996, pp. 556 y 557: "[...] Cuando el gobierno prueba de un modo convincente y claro que el imputado presenta una amenaza expresa para otras personas o la comunidad, la Corte valora que, siendo consistente con la cláusula constitucional del debido proceso, un juez puede neutralizar el peligro que presenta el sujeto. En estas circunstancias, la Corte no puede establecer en forma genérica

51.6.- La jurisprudencia constitucional colombiana ha sostenido (sentencias C-774 de 2001, C-1198 de 2008, C-695 de 2013, C-366 de 2014[167], C-411 de 2015, C-469 de 2016, C-342 de 2017, C-303 de 2019) que el derecho de todas las personas a la libertad, fundada en el artículo 28 de la Carta Política (compatible con el artículo 7 de la Convención Americana de Derechos Humanos) puede encontrar excepciones con base en los siguientes criterios: (1) que se ejerza la reserva judicial, que implica "un mandamiento escrito de autoridad judicial competente, con las formalidades legales y por motivos previamente definidos en la ley"; (2) que se sustente la decisión de restringir la libertad en el principio de legalidad de la privación preventiva de la libertad; y (3) cabe afirmar la aplicación del test de proporcionalidad para determinar si las restricciones a la libertad, para el caso concreto del proceso penal la medida de aseguramiento, resultan adecuadas y necesarias para la finalidad perseguida "sin que se sacrifiquen valores, principios o derechos de mayor entidad constitucional para el caso concreto que se analiza"[168].

---

que la prisión preventiva "afecta los conceptos fundamentales de justicia que están en la esencia de nuestras tradiciones y en la conciencia de nuestro pueblo que los entiende como vitales".

167 "Las medidas de aseguramiento no requieren de juicio previo. Ellas pueden aplicarse, a la luz de la Constitución, si se cumplen los requisitos exigidos por el artículo 28 de la Carta. Así, si media orden escrita del juez competente, se han cumplido las formalidades que la ley consagre al respecto y el motivo de la detención, conminación, prohibición de salida del país o caución está nítidamente consagrado en norma legal preexistente, tales medidas se ajustan al mandato constitucional y no implican desconocimiento del debido proceso, aplicable en el caso de las penas. Pretender que toda detención o medida de aseguramiento deba estar forzosamente precedida de un proceso íntegro llevaría a desvirtuar su carácter preventivo y haría en no pocas ocasiones completamente inoficiosa la función judicial, pues la decisión correspondiente podría tropezar casi con certeza -con un resultado inútil en lo referente a la efectiva de la pena para que llegara a imponerse [...] No es suficiente que los supuestos fácticos por los cuales el legislador considera que una conducta delictiva da lugar a la imposición de una medida aseguramiento se encuentren establecidos en la ley, pues es imperativo además que aquéllos sean claros, precisos y unívocos, esto es, deben excluir cualquier ambigüedad previsible y deben abstenerse de hacer generalizaciones y abstracciones que pudieran minar la seguridad jurídica de los asociados".

168 COLOMBIA, Corte Constitucional, sentencia C-695 de 2013.

D. LA REPARACIÓN INTEGRAL EN LOS CASOS DE RESPONSABILIDAD DEL ESTADO POR PRIVACIÓN INJUSTA DE LA LIBERTAD

52.- La reparación de los perjuicios en casos de privación injusta de la libertad ha estado orientada por la idea convencional, constitucional y legal de reparación integral a la víctima. En lo que dice relación concreta con la reparación de perjuicios en casos donde el daño antijurídico se hace consistir en privación injusta de la libertad, se tiene que la jurisprudencia reconoce perjuicios materiales e inmateriales.

52.1.- En cuanto a lo primero, se tiene que los perjuicios materiales, que comprenden el daño emergente y el lucro cesante, consisten tanto en aquel detrimento patrimonial sufrido por las víctimas por los gastos en que incurrieron con ocasión de la privación injusta de la libertad, así como, a título de lucro cesante, la indemnización por lo dejado de percibir durante el tiempo que se prolongó la medida restrictiva de la libertad.

52.2.- Respecto de los perjuicios inmateriales, recientemente, en las providencias de 28 de agosto de 2014, la Sala Plena de la Sección Tercera del Consejo de Estado unificó su jurisprudencia sobre la reparación de perjuicios morales en eventos de responsabilidad del Estado por privación injusta de la libertad.

52.3.- Así, en fallo de esa fecha, expediente 36149, se estableció que el reconocimiento y tasación de los perjuicios morales se determinaría según el lapso durante el cual se prolongó efectivamente la privación de la libertad de la víctima directa y conforme a los grados de parentesco y/o cercanía de los demandantes. Tal cuestión quedó recogida, esquemáticamente, en la siguiente tabla:

	NIVEL 1	NIVEL 2	NIVEL 3	NIVEL 4	NIVEL 5
Reglas para liquidar el perjuicio moral derivado de la privación injusta de la libertad	Víctima directa, cónyuge o compañero (a) permanente y parientes en el 1º de consanguinidad	Parientes en el 2º de consanguinidad	Parientes en el 3º de consanguinidad	Parientes en el 4º de consanguinidad y afines hasta el 2º	Terceros damnificados
Término de privación injusta en meses		50% del Porcentaje de la Víctima directa	35% del Porcentaje de la Víctima directa	25% del Porcentaje de la Víctima directa	15% del Porcentaje de la Víctima directa
	SMLMV	SMLMV	SMLMV	SMLMV	SMLMV
Superior a 18 meses	100	50	35	25	15
Superior a 12 meses e inferior a 18	90	45	31,5	22,5	13,5
Superior a 9 e inferior a 12	80	40	28	20	12
Superior a 6 e inferior a 9	70	35	24,5	17,5	10,5
Superior a 3 e inferior a 6	50	25	17,5	12,5	7,5
Superior a 1 e inferior a 3	35	17,5	12,25	8,75	5,25
Igual e inferior a 1	15	7,5	5,25	3,75	2,25

CUADRO DE ELABORACIÓN DEL CONSEJO DE ESTADO.

52.4.- Sin embargo, la jurisprudencia del Consejo de Estado también se ha orientado hacia la reparación en este tipo de daños conforme a la categoría de bienes constitucionales y convencionalmente protegido. En efecto, el Juez Contencioso no se ha limitado a las reparaciones pecuniarias (expresadas en los conceptos de perjuicios materiales y morales) entendiendo que dada la magnitud o gravedad de ciertos daños antijurídicos, se impone el decreto de medidas de satisfacción a favor de las víctimas. Esta materia también fue objeto de unificación en las providencias de 28 de agosto de 2014 (exp. 26251), donde se afirmó:

REPARACIÓN NO PECUNIARIA		
AFECTACIÓN O VULNERACIÓN RELEVANTE DE BIENES O DERECHOS CONVENCIONAL Y CONSTITUCIONALMENTE AMPARADOS		
CRITERIO	TIPO DE MEDIDA	MODULACIÓN
En caso de violaciones relevantes a bienes o derechos convencional y constitucionalmente amparados.	Medidas de reparación integral no pecuniarias.	De acuerdo con los hechos probados, la oportunidad y pertinencia de los mismos, se ordenarán medidas reparatorias no pecuniarias a favor de la víctima di-recta y a su núcleo familiar más cercano.

CUADRO DE ELABORACIÓN DEL CONSEJO DE ESTADO

52.5.- En casos excepcionales, cuando las medidas de satisfacción no sean suficientes o posibles para consolidar la reparación integral podrá otorgarse una indemnización, única y exclusivamente a la víctima directa, mediante el establecimiento de una medida pecuniaria de hasta 100 SMLMV, si fuere el caso, siempre y cuando la indemnización no hubiere sido reconocido con fundamento en el daño a la salud. Este quantum deberá motivarse por el juez y ser proporcional a la intensidad del daño.

INDEMNIZACIÓN EXCEPCIONAL EXCLUSIVA PARA LA VÍCTIMA DIRECTA		
Criterio	Cuantía	Modulaciones de la cuantía
En caso de violaciones relevantes a bienes o derechos convencional y constitucionalmente amparados, cuya reparación integral, a consideración del juez, no sea suficiente, posible con medidas de reparación no pecuniarias satisfactorias.	Hasta 100 SMLMV	En casos excepcionales se indemnizara hasta el monto señalado en este ítem, si fuere el caso, siempre y cuando la indemnización no hubiere sido reconocida con fundamento en el daño a la salud. Este quantum deberá motivarse por el juez y ser proporcional a la intensidad del daño y la naturaleza del bien o derecho afectado.

CUADRO DE ELABORACIÓN DEL CONSEJO DE ESTADO

E. **Eximentes de responsabilidad**

53.- La responsabilidad del Estado-administración de justicia por privación injusta de la libertad exige examinar como eximente la culpa de la víctima [que la ley 270 de 1996 comprende]. Se produce cuando el privado de la libertad contribuye de manera determinante y excluyente en la producción del daño antijurídico, como puede ocurrir (1) cuando se evade al cumplimiento inmediato de la medida de aseguramiento; (2) cuando impuesta como medida de este tipo la detención domiciliaria se corrobora que esta no se materializó en ninguna ocasión; (3) cuando se establece que los procesados participaron en la comisión del hecho punible; y, (4) cuando nunca se concretó la privación de la libertad pese a haber sido adoptada decisión judicial que le impone la misma.

54.- En su momento, la Sub-sección C de la Sección Tercera del Consejo del Estado consideró en el caso de unas personas vinculadas a un proceso penal por haber participado en la comisión de un concierto para delinquir y un lavado de activos, en el que se constató que pese a que el juez penal de primera instancia consideró que debía absolverlos, en su apelación el Tribunal Superior encontró que se había realizado un indebida valoración de las pruebas y de los hechos, y que, si bien no podía pronunciarse sobre esta decisión sí dejaba constancia que estos sujetos habían participado en la comisión del ilícito, por lo que la Sala consideró que no procedía condenar al Estado por la privación de la libertad ya que los medios probatorios orientaban para afirmar que las personas que demandaban contribuyeron determinantemente en la producción del daño antijurídico invocado[169].

169 COLOMBIA, Consejo de Estado, Sección Tercera, Sub-sección C, sentencia de 30 de marzo de 2011, expediente 33238. "En el caso concreto no hay duda que la medida de aseguramiento consistente en detención preventiva ordenada contra los demandantes no fue injusta, en los términos de los supuestos establecidos en el mencionado artículo 414 del decreto ley 2700 de 1991, pese a la contradicción de las decisiones de primera y segunda instancia de juzgamiento, se acoge la postura del Tribunal Superior según la cual el hecho o hechos si existieron, los sindicados los consideró partícipes y se trataba de hechos punibles consagrados legalmente. Luego, la actuación o actividad desplegada por la Fiscalía en la fase de investigación e instrucción del proceso penal se correspondió con el ejercicio del *ius puniendi* del Estado, con la exigencia de un indicio grave de responsabilidad y con la diligencia debida para el esclarecimiento probatorio de la comisión de delitos que, como los asociados al tráfico ilegal de estupefacientes, imponen a las autoridades la utilización del mayor rigor probatorio, no la perfección, y de todos los medios disponibles para lograr la identificación y vinculación de las complejas

55.- La sentencia de unificación de la Sala Plena de la Sección Tercera del Consejo de Estado de 15 de agosto de 2018 (expediente 46947), que fue revocada por la sentencia de tutela de la Subsección B de 15 de noviembre de 2019, centraba su análisis en la examinación de la eximente del hecho exclusivo de la víctima como presupuesto para descartar, desvirturar y encontrar sin demostración el daño antijurídico, tesis que ha sido objeto de controversias porque se desplaza este elemento que es propio al ámbito fáctico de la imputación dentro del juicio material que puede o no quebrar el nexo de causalidad entre el daño y a acción, omisión o inactividad que se invoca generadora del daño, lo desvirtúan incluso principios como los de presunción de inocencia, confianza legítima y dignidad humana con los que están revestidos los asociados al momento de restringir su libertad personal con ocasión de una captura, una detención o con la privación de su libertad.

56.- Determinados todos los elementos para la configuración de la responsabilidad del Estado-administración de justicia por privación injusta de la libertad, paso a examinar la que se puede encuadrar por error judicial.

F. La responsabilidad del Estado por privación injusta de la libertad en la jurisprudencia de la Corte Interamericana de Derechos Humanos

57.- La jurisprudencia de la Corte Interamericana de Derechos Humanos en los últimos años ha retomado la línea relacionada con el alcance del man-

---

e intrincadas redes que se construyen alrededor de este tipo de ilícitos. No puede perder de vista la Sala que en el presente caso, como se corrobora en la sentencia del Tribunal Superior, el juez de primera instancia realmente falló en la valoración probatoria para llegar a la conclusión de absolver a los aquí demandantes, no lográndose deducir una "duda razonable" que le hubiera impedido llegar a la plena materialización y autoría de las conductas punibles. Por el contrario, se pone en evidencia que fue equívoco el presupuesto del juez de primera instancia según el cual existía una "ausencia de la prueba del dolo", ya que la acusación proferida por la Fiscalía, como se ratifica por el Tribunal Superior, reunía los suficientes elementos demostrativos de la comisión de varios ilícitos penales, con lo que se ratificó la decisión de haber impuesto la medida de aseguramiento consistente en detención preventiva de los demandantes, al reunirse los requisitos legales y procesales, sin que pueda considerarse dicha decisión como una actuación grosera y flagrante en que se hayan quebrado los criterios establecidos en la ley procesal".

dato convencional consagrado en el artículo 7 de la Convención Americana de Derechos Humanos, en especial cuando se trata de detenciones arbitrarias que se operan en los Estados sin la consideración de las exigencias propias a la presunción de inocencia, la dignidad humana y la prevalencia de la libertad personal.

58.- En casos como el de *Juan Humberto Sánchez vs Honduras*[170], la Corte Interamericana de Derechos Humanos sostiene que "*con la protección de la libertad se pueden salvaguardar "tanto la libertad física de los individuos como la seguridad personal, en un contexto en el que la ausencia de garantías puede resultar en la subversión de la regla de derecho y en la privación a los detenidos de las formas mínimas de protección legal*"" [171].

59.- Libertad que se encuadra en las regulaciones diferenciadas que (como ya se señaló en este libro) consagra el artículo 7 de la Convención Americana de Derechos Humanos, como lo recuerda la Corte Interamericana de Derechos Humanos en la sentencia del *caso Chaparro Álvarez y Lapo Íñiguez vs Ecuador*, la general relativa a la protección de los derechos a la libertad y seguridad personal, y la especial referida a las garantías para que un asociado no sea privado arbitrariamente de su libertad, dejando como estándar básico convencional aquél según el cual la "*falta de respecto a las garantías de la persona privada de la libertad desemboca, en suma, en la falta de protección del propio derecho a la libertad de esa persona*"[172].

60.- En el siguiente cuadro se establecen estándares convencionales que la jurisprudencia de la Corte Interamericana de Derechos Humanos ha elaborado:

---

170 Corte Interamericana de Derechos Humanos, *caso Juan Humberto Sánchez vs Honduras*, sentencia de 7 de junio de 2003, párrafo 77.

171 Corte Interamericana de Derechos Humanos, *caso Maritza Urrutia vs Guatemala*, sentencia de 27 de noviembre de 2003, párrafo 64. Corte Interamericana de Derechos Humanos, *caso de los Hermanos Gómez Paquiyauri vs Perú*, sentencia de 8 de julio de 2004, párrafo 82.

172 Corte Interamericana de Derechos Humanos, *caso Chaparro Álvarez y Lapo Íñiguez vs Ecuador*, sentencia de 21 de noviembre de 2007, párrafos 51 a 54.

SENTENCIA	FUNDAMENTO JURÍDICO
Caso Fernández Prieto y Tumbeiro vs Argentina, 1 de septiembre de 2020 (fondo y reparaciones) Detenciones ilegales y arbitrarias en perjuicio de Carlos Alberto Fernández Prieto (en adelante también "señor Fernández Prieto") en mayo de 1992 por parte de agentes de la Policía de la Provincia de Buenos Aires y de Carlos Alejandro Tumbeiro (en adelante también "señor Tumbeiro") en enero de 1998 por agentes de la Policía Federal Argentina, respectivamente	**Estándar básico 1**: "si bien el Estado tiene el derecho y la obligación de garantizar su seguridad y mantener el orden público, su poder no es ilimitado, pues tiene el deber de aplicar en todo momento procedimientos conformes a Derecho y respetuosos de los derechos fundamentales, a todo individuo que se encuentre bajo su jurisdicción" (fj64). **Estándar básico 2**: "La finalidad de mantener la seguridad y el orden públicos requiere que el Estado legisle y adopte diversas medidas de distinta naturaleza para prevenir y regular las conductas de sus ciudadanos, una de las cuales es promover la presencia de fuerzas policiales en el espacio público" (fj64) **Estándar básico 3:** "un incorrecto actuar de esos agentes estatales, en su interacción con las personas a quienes deben proteger, representa una de las principales amenazas al derecho a la libertad personal, el cual, cuando es vulnerado, genera un riesgo de que se produzca la vulneración de otros derechos, como la integridad personal y, en algunos casos, la vida" (fj64). **Estándar básico 4**: "la restricción del derecho a la libertad personal únicamente es viable cuando se produce por las causas y en las condiciones fijadas de antemano por las Constituciones Políticas o por las leyes dictadas conforme a ellas (aspecto material), y además, con estricta sujeción a los procedimientos objetivamente definidos en las mismas (aspecto formal)" (fj 66) **Estándar aplicado al caso 1:** "esta omisión de justificar la detención del señor Fernández Prieto en alguna de causales legales es claramente un incumplimiento del requisito de legalidad, pues los policías realizaron un acto que constituyó una restricción a la libertad personal del señor Fernández Prieto -en tanto obligaron a detener el vehículo en el que viajaba, posteriormente lo obligaron a descender de él, procedieron a realizar un registro y, finalmente, lo privaron de su libertad- actuando más allá de las facultades habilitantes que establecía el Código de Procedimientos para realizar dichos actos sin orden judicial"
Caso Acosta Martínez y otros vs. Argentina, 31 de agosto de 2020 (fondo, reparaciones y costas) La detención ilegal y arbitraria, y posterior muerte de José Delfín Acosta Martínez (en adelante también "el señor Acosta	**Estándar aplicado al caso**: "El arresto del señor Acosta Martínez se efectuó en aplicación de los Edictos Policiales y el Reglamento de Procedimientos Contravencionales. Esta normativa no se ajusta al principio de legalidad y tipicidad tal y como ha sido entendido por esta Corte en su jurisprudencia" (fj 83, convencionalidad objetiva) **Estándar aplicado al caso:** "el Edicto Policial aplicado al señor Acosta Martínez sancionaba con pena de multa y privación de libertad, encontrarse en completo estado de ebriedad en "las calles, plazas, cafés, cabarets, almacenes,

Martínez" o la "presunta víctima"), ocurridas el 5 de abril de 1996.	tabernas u otros despachos de bebidas o parajes públicos". Es decir, el precepto en cuestión castigaba la mera condición de estar ebrio, sin hacer referencia a que la conducta desplegada por el infractor afectase o pusiese en peligro a sí mismo o a terceros" (fj86)
Caso Valle Ambrosio y otros vs Argentina, 20 de julio de 2020 (fondo y reparaciones) La alegada violación del derecho de los señores del Valle Ambrosio y Domínguez Linares a recurrir la sentencia dictada por la Cámara Novena del Crimen de Córdoba, la cual los condenó a una pena de tres años y seis meses de prisión por la comisión del delito de defraudación	**Estándar básico 1**: "Teniendo en cuenta que las garantías judiciales buscan que quien esté incurso en un proceso no sea sometido a decisiones arbitrarias, la Corte ha interpretado que el derecho a recurrir el fallo no puede ser efectivo si no se garantiza respecto de todo aquél que es condenado38, ya que la condena es la manifestación del ejercicio del poder punitivo del Estado" (fj42) **Estándar básico 2**: "La Corte ha considerado el derecho a recurrir el fallo como una de las garantías mínimas que tiene toda persona que es sometida a una investigación y proceso penal" (fj42) **Estándar básico 3**: "el artículo 8.2.h de la Convención se refiere a un recurso ordinario, accesible y eficaz, es decir, que no debe requerir mayores complejidades que tornen ilusorio este derecho" (fj43) **Estándar básico 4**: "las formalidades requeridas para que el recurso sea admitido deben ser mínimas y no deben constituir un obstáculo para que cumpla con su fin de examinar y resolver los agravios sustentados por el recurrente, es decir que debe procurar resultados o respuestas al fin para el cual fue concebido. Debe entenderse que, independientemente del régimen o sistema recursivo que adopten los Estados Partes, y de la denominación que den al medio de impugnación de la sentencia condenatoria, para que éste sea eficaz debe constituir un medio adecuado para procurar la corrección de una condena errónea" (fj 43) **Estándar aplicado al caso**: "la Corte nota que el artículo 468 del CPPC, encargado de regular los motivos para poder interponer el recurso de casación, solo habilitaba dos supuestos específicos en los que éste procedía, a saber: (i) la inobservancia o errónea aplicación de la Ley sustantiva y (ii) la inobservancia de las normas contenidas en el propio CPPC bajo pena de inadmisibilidad, caducidad o nulidad" (fj 54)
Caso Carranza Alarcón vs Ecuador, 3 de febrero de 2020 (excepciones preliminares, fondo, reparaciones y costas)	**Estándar básico 1**: "el contenido esencial del artículo 7 de la Convención Americana es la protección de la libertad del individuo contra toda interferencia arbitraria o ilegal del Estado" **Estándar básico 2**: "nadie puede ser sometido a detención o encarcelamiento por causas y métodos que -aun calificados

"El señor Ramón Rosendo Carranza Alarcón (en adelante también "señor Carranza" o "señor Carranza Alarcón") estuvo "privado de libertad preventivamente entre noviembre de 1994 y diciembre de 1998", cuando la sentencia condenatoria en su contra quedó firme"	delegales- puedan reputarse como incompatibles con el respeto a los derechos fundamentales del individuo por ser, entre otras cosas, irrazonables, imprevisibles o faltos de proporcionalidad" **Estándar básico 3**: "Ha considerado que se requiere que la ley interna, el procedimiento aplicable y los principios generales expresos o tácitos correspondientes sean, en sí mismos, compatibles con la Convención" **Estándar básico 4**: "Así, no se debe equiparar el concepto de "arbitrariedad" con el de "contrario a ley", sino que debe interpretarse de manera más amplia a fin de incluir elementos de incorrección, injusticia e imprevisibilidad"
Caso Montesinos Mejía vs Ecuador, 27 de enero de 2020 (excepciones preliminares, fondo, reparaciones y costas) La alegada detención ilegal y arbitraria de la presunta víctima en 1992, los actos de tortura en su contra, así como la falta de garantías judiciales en los procesos penales que se le siguieron	**Estándar básico 1**: "son las autoridades nacionales las encargadas de valorar la pertinencia o no, de mantener las medidas cautelares que emitan conforme a su propio ordenamiento" (fj116) **Estándar básico 2**: "La detención preventiva debe estar sometida a revisión periódica, de tal forma que no se prolongue cuando no subsistan las razones que motivaron su adopción"(fj116) **Estándar básico 3**: "El juez debe valorar periódicamente si las causas, necesidad y proporcionalidad de la medida se mantienen, y si el plazo de la detención ha sobrepasado los límites que imponen la ley y la razón. En cualquier momento en que aparezca que la prisión preventiva no satisface estas condiciones, deberá decretarse la libertad" (fj116) **Estándar básico 4**: "De igual forma, ante cada solicitud de liberación del detenido, el juez tiene que motivar, aunque sea en forma mínima, las razones por las cuales considera que la prisión preventiva debe mantenerse" **Estándar aplicado al caso**: "La Corte advierte que no consta en el expediente ninguna justificación o motivación formal de parte de la autoridad judicial para ordenar la prisión preventiva del señor Montesinos. Ni siquiera en los autos cabeza de proceso de noviembre de 1992 se encuentra una justificación para mantener a la presunta víctima en prisión preventiva ni tampoco un razonamiento que explique la necesidad de haberlo hecho desde su detención inicial. Aunque los delitos por los cuales fue acusado, previstos en la Ley sobre Sustancias Estupefacientes, eran considerados graves, la falta de argumentación y motivación para mantener la prisión preventiva resultó violatoria de la Convención" (fj 113) **Estándar aplicado al caso**: "La Corte concluye, entonces, que la orden de prisión preventiva dictada contra el señor

	Montesinos fue arbitraria y, en consecuencia, contravino los artículos 7.1 y 7.3 de la Convención, en relación con sus artículos 1.1 y 2. Asimismo, en razón de que el señor Montesinos no fue notificado formalmente de los cargos formulados contra él hasta la emisión del auto cabeza de proceso sobre el delito de testaferrismo el 18 de noviembre de 1992 (infra párr. 192), la Corte concluye que Ecuador violó el artículo 7.4 de la Convención Americana, en relación con el artículo 1.1 del mismo instrumento, en su perjuicio" (fj 114).
Caso Jenkins vs Argentina, 26 de noviembre de 2019 (excepciones preliminares, fondo, reparaciones y costas) Se relaciona con la alegada privación arbitraria de la libertad del señor Jenkins desde el 8 de junio de 1994 hasta el 13 de noviembre de 1997 en el marco de una causa iniciado por los delitos de tráfico ilícito de estupefacientes y asociación ilícita, de los que fue absuelto	**Estándar básico 1:** "el contenido esencial del artículo 7 de la Convención Americana es la protección de la libertad del individuo contra toda interferencia arbitraria o ilegal del Estado" (fj 71). **Estándar básico 1.1:** "Cualquier violación de los numerales 2 a 7 del artículo 7 de la Convención acarreará necesariamente la violación del artículo 7.1 de la misma" (fj 71). **Estñandar básico 2:** "la prisión preventiva es la medida más severa que se puede aplicar al imputado de un delito, motivo por el cual su aplicación debe tener un carácter excepcional, en virtud de que se encuentra limitada por los principios de legalidad, presunción de inocencia, necesidad y proporcionalidad, indispensables en una sociedad democrática" (fj 72). **Estándar básico 2.1**: "la regla general debe ser la libertad del procesado mientras se resuelve acerca de su responsabilidad penal" (fj 72). **Estándar básico 2.2**: "En casos excepcionales, el Estado podrá recurrir a una medida de privación preventiva de la libertad a fin de evitar situaciones que pongan en peligro la consecución de los fines del proceso, esto es, para asegurar que el procesado no impedirá el desarrollo eficiente de las investigaciones ni eludirá la acción de la justicia" (fj 72). **Estándar básico 2.3**: "se podrá ordenar la prisión preventiva de un procesado sólo de manera excepcional y cuando, por ejemplo, no existan otras garantías que aseguren su comparecencia en el juicio" (fj 72). **Estándar básico 3**: "nadie puede ser sometido a detención o encarcelamiento por causas y métodos que -aun calificados de legales- puedan reputarse como incompatibles con el respeto a los derechos fundamentales del individuo por ser, entre otras cosas, irrazonables, imprevisibles o faltos de proporcionalidad"(fj 73). **Estándar básico 3.1**: "se requiere que la ley interna, el procedimiento aplicable y los principios generales

	expresos o tácitos correspondientes sean, en sí mismo, compatibles con la Convención" (fj 23) **Estándar básico 4:** "existen tres aspectos con base en los cuales se evalúa la arbitrariedad de las medidas privativas de la libertad: (i) que existan elementos para formular cargos o llevar a juicio, es decir que se presenten los "presupuestos materiales" para ordenar la medida cautelar, (ii) que las mismas cumplan con los cuatro elementos del "test de proporcionalidad", es decir, la legitimidad de la finalidad (la cual debe ser compatible con la Convención Americana), la idoneidad, la necesidad y la proporcionalidad estricta, y (iii) que la decisión que las impone contenga una motivación suficiente que permita evaluar si se ajusta a las condiciones señaladas" (fj 74). **Estándar básico 5:** "una de las características que debe tener una medida de detención o prisión preventiva para ajustarse a las disposiciones de la Convención es estar sujeta a revisión periódica, de tal forma que no se prolongue cuando no subsistan las razones que motivaron su adopción" (fj 83) **Estándar básico 5.1**: "el artículo 7.5 de la Convención impone límites temporales a la duración de la prisión preventiva y, en consecuencia, a las facultades del Estado para asegurar los fines del proceso mediante esta medida cautelar" (fj 84). **Estándar básico 5.2:** "Cuando el plazo de la detención preventiva sobrepasa lo razonable, el Estado podrá limitar la libertad del imputado con otras medidas menos lesivas que aseguren su comparecencia al juicio, distintas de la privación de la libertad" (fj 84). **Estándar básico 6:** "los Estados deben abstenerse de realizar acciones que de cualquier manera vayan dirigidas, directa o indirectamente, a crear situaciones de discriminación de jure o de facto" (fj 91). **Estándar básico 7:** "una diferencia de trato s discriminatoria cuando la misma no tiene una justificación objetiva y razonable, es decir, cuando no persigue un fin legítimo y no existe una relación razonable de proporcionalidad entre los medios utilizados y el fin perseguido" (fj 91). **Estándar aplicado al caso**: "la exclusión del beneficio de tiempo máximo de prisión preventiva para todas aquellas personas imputadas por narcotráfico se justificaba por el interés en perseguir a esa clase de organizaciones criminales, -y a sus integrantes-, dedicadas al tráfico de sustancias estupefacientes, así como por las obligaciones contraídas por el Estado al suscribir la Convención

	de las Naciones Unidas contra el Tráfico Ilícito de Estupefacientes y sustancias sicotrópicas" (fj 92) **Estándar aplicado al caso al caso**: "el señor Jenkins fue excluido de manera automática del beneficio de la excarcelación únicamente sobre la base del delito específico que se le imputaba, sin que se brindara una explicación sobre la finalidad específica que buscaba la diferencia de trato, su idoneidad, necesidad, proporcionalidad y, además, sin tener en cuenta sus circunstancias personales" (fj 92) **Estándar aplicado al caso:** "el criterio por el cual se excluyó al señor Jenkins del beneficio de los plazos máximos de prisión preventiva implicó que se superara el límite establecido en la legislación nacional para la prisión preventiva de manera irrazonable, lo cual además constituyó un trato desigual frente a otras personas en situación similar que sí podían acceder a dicho beneficio" (fj 94). **Estándar aplicado en el caso**: "el sólo criterio de la existencia de indicios que permitan suponer razonablemente que la persona sometida al proceso ha participado en el ilícito que se investiga no son suficientes para justificar la imposición de una medida privativa de la libertad, sino que resulta esencial a (sic) acudir a elementos relativos a la finalidad legítima de la medida -esto es, eventual obstaculización del desarrollo normal del procedimiento penal o posibilidad de sustracción a la acción de justicia- que lleven a la conclusión de que la medida de prisión preventiva es necesaria y proporcional al fin perseguido"(fj 82) **Estándar aplicado al caso**: la decisión con la que se ordenó la prisión preventiva "careció de una debida motivación en tanto que no expuso las razones por las cuales la medida perseguía un fin legítimo y era necesaria, idónea y proporcional a dicho fin" (fj 82).
Caso Hernández vs Argentina, 22 de noviembre de 2019 (excepción preliminar, fondo, reparaciones y costas) Se relaciona con la violación de la libertad personal y a la presunción de inocencia al ser sometido a prisión preventiva obligatoria y al estar privado de su libertad un año y seis meses en una comisaría policial	**Estándar básico 4**: "para que una medida cautelar restrictiva de la libertad no sea arbitraria es necesario: a) que se presenten presupuestos materiales relacionados con la existencia de un hecho ilícito y con la vinculación de la persona procesada a ese hecho, b) que esas medidas cumplan con los cuatro elementos del "test de proporcionalidad", es decir con la finalidad de la medida que debe ser legítima (compatible con la Convención Americana), idónea para cumplir con el fin que se persigue necesaria y estrictamente proporcional, y c) que la decisión que las impone contenga una motivación suficiente que permita evaluar si se ajusta a las condiciones señaladas" (fj 103)

	Estándar básico 5: "la sospecha o los indicios suficientes que permitan suponer razonablemente que la persona sometida al proceso pudo haber participado en el ilícito que se investiga, deben estar fundados y expresados con base en hechos específicos, esto es, no en meras conjeturas o intuiciones abstractas" (fj 105). **Estándar básico 5.1**: "De allí se deduce que el Estado no debe tener para luego investigar, por el contrario, sólo está autorizado a privar de la libertad a una persona cuando alcance el conocimiento suficiente para poder llevarla a juicio" (fj 105). **Estándar básico 6**: "la regla debe ser la libertad del procesado mientras se resuelve acerca de su responsabilidad penal" (fj 106). **Estándar básico 7**: De la garantía de la presunción de inocencia "se desprende que los elementos que acreditan la existencia de los fines legítimos tampoco se presumen, sino que el juez debe fundar su decisión en circunstancias objetivas y ciertas del caso concreto, que corresponde acreditar al titular de la persecución penal y no al acusado, quien además debe tener la posibilidad de ejercer el derecho de contradicción y estar debidamente asistido por un abogado" (fj 109) **Estándar básico 7.1**: "la gravedad del delito que se le imputa no es, por sí mismos, justificación suficiente de la prisión preventiva" (fj 109). **Estándar aplicado al caso 7.2**: "la prisión preventiva ordenada en contra del señor Hernández no tuvo un fin legítimo amparado por la Convención, pues el Juez de la Causa en ningún momento hizo mención de la necesidad de dictar dicha medida con la finalidad de evitar la obstaculización del desarrollo del proceso o que se eludiera la acción de la justicia, y centro (sic) en cambio su argumentación en acreditar la existencia de elementos de prueba sobre la posible responsabilidad penal" (fj 116) **Estándar básico 8**: "únicamente deben ser considerados como finalidades legítimas, aquellas que están atadas directamente con el desarrollo eficaz del proceso, es decir, que estén vinculadas con el peligro de fuga del procesado (...) y aquella que busca evitar que el procesado impida el desarrollo del procedimiento" (fj 110) **Estándar básico 9**: "la Convención prohíbe la detención o encarcelamiento por métodos que pueden ser legales, pero que en la práctica resultan irrazonables o carentes de proporcionalidad" (fj 112)

Caso Romero Feris vs Argentina, 15 de octubre de 2019 (fondo, reparaciones y costas) La controversia versa sobre la supuesta detención ilegal y arbitraria en contra de Raúl Rolando Romero Feris en 1999.	**Estándar básico 1:** "el contenido esencial del artículo 7 de la Convención Americana es la protección de la libertad del individuo contra toda interferencia arbitraria o ilegal del Estado" (fj 76) **Estándar básico 2:** "Cualquier requisito establecido en la ley nacional que no sea cumplido al privar a una persona de su libertad, generará que tal privación sea ilegal y contraria a la Convención Americana" (fj 77) **Estándar aplicado al caso**: El cómputo de tiempo de la prisión realizado por el juez "no es elemento suficiente para justificar el incumplimiento de los términos establecidos en la ley y la decisión judicial, pues si bien es una figura que favorece al procesado que finalmente resulta condenado, dado el principio de reserva legal y el principio de presunción de inocencia, no tiene la virtualidad de otorgar legalidad a una medida que ha incumplido los postulados establecidos en la normatividad interna" (fj 82) **Estándar aplicado al caso**: "esta postura desconoce la naturaleza cautelar de la prisión preventiva, al justificar que opere como una pena, con carácter sancionatorio, pese a tener una finalidad inicial relacionada íntimamente con el desarrollo del proceso, lo que resultaría, igualmente, contrario al principio de presunción de inocencia" (fj 82). **Estándar básico 4**: "al ser la privación de la libertad una medida que implica una restricción a la esfera de acción individual, corresponde exigir a la autoridad judicial que imponga dichas medidas, únicamente cuando encuentre que los demás mecanismos previstos en la ley, que impliquen un menor grado de injerencia en los derechos individuales, no son suficientes para satisfacer el fin procesal" (fj 106). **Estándar aplicado al caso**: "los argumentos utilizados para justificar el peligro de fuga, no están basados en hechos específicos, en criterios objetivos y en una argumentación idónea. Por el contrario, los mismos reposan en meras conjeturas a partir de criterios que no se corresponden con las particularidades del caso y que consisten más bien en afirmaciones abstractas" (fj 118). **Estándar aplicado al caso**: "tampoco se evaluó la necesidad ni la proporcionalidad estricta, pues no consta un análisis de las medidas alternativas que pudieron haber sido impuestas para garantizar la comparecencia al juicio del señor Romero Feris, como por ejemplo, la fianza o la restricción de salida del país" (fj 119).

Caso Amrheim y otros vs Costa Rica, 25 de abril de 2018 (excepciones preliminares, fondo, reparaciones y costas) Se relaciona con la inexistencia de un recurso que permitiera obtener una revisión amplia de las condenas penales impuestas diecisiete personas	**Estándar básico** 1: "cualquier violación de los numerales 2 al 7 del artículo 7 de la Convención acarreará necesariamente la violación del artículo 7.1 de la misma, puesto que la falta de respeto a las garantías de la persona privada de la libertad implica, en suma, la falta de protección del propio derecho a la libertad de esa persona" (fj 352) **Estándar básico 2**: "la prisión preventiva es la medida más severa que se puede aplicar al imputado de un delito, motivo por el cual su aplicación debe tener un carácter excepcional, en virtud de que se encuentra limitada por los principios de legalidad, presunción de inocencia, necesidad y proporcionalidad, indispensables en una sociedad democrática" (fj 353). **Estándar básico** 3: "la decisión judicial que restringe la libertad de una persona por medio de la prisión preventiva debe fundamentar y acreditar, en el caso concreto, la existencia de indicios suficientes que permitan suponer razonablemente la conducta delictiva de la persona y que la detención sea estrictamente necesaria, y por tanto no puede tener como base la mera sospecha o percepción personal sobre la pertenencia del acusado a un grupo ilícito determinado" (fj 353). **Estándar básico 4**: "En todo caso, la privación de libertad del imputado sólo debe tener como fin legítimo el asegurar que el acusado no impedirá el desarrollo del procedimiento ni eludirá la acción de la justicia" (fj 353). **Estándar básico 5**: "Si la normativa interna, tanto en el aspecto material como en el formal, no es observada al privar a una persona de su libertad, tal privación será ilegal y contraria a la Convención Americana" (fj 354). **Estándar básico 6**: "sin perjuicio de la legalidad de una detención, es necesario en cada caso hacer un análisis de la compatibilidad de la legislación de la Convención en el entendido que esa ley y su aplicación deben respetar los requisitos que a continuación se detallan, a efectos de que la medida privativa de libertad no sea arbitraria" (fj 356). **Estándar básico 6.1**: "la imprevisibilidad de una privación de la libertad puede implicar su arbitrariedad" (fj 358) **Estándar básico 6.2**: "Entre las condiciones de la privación de libertad la ley aplicable debe incluir criterios sobre los límites de duración de la misma" (fj 358) **Estándar básico 6.3**: "Cuando el plazo de la detención preventiva sobrepasa lo razonable, El Estado podrá limitar la libertad del imputado con otras medidas

	menos lesivas que aseguren su comparecencia al juicio, distintas de la privación de la libertad" (fj 361). **Estándar básico 6.4**: "aun cuando medien razones para mantener a una persona en prisión preventiva, el artículo 7.5 garantiza que aquélla sea liberada si el periodo de la detención ha excedido el límite de lo razonable" (fj 362) **Estándar básico 6.5**: "una detención o prisión preventiva debe estar sometida a revisión periódica, de tal forma que no se prolongue cuando no subsistan las razones que motivaron su adopción" (fj 362). **Estándar aplicado al caso 6.6**. "Al no sujetar la medida a estos fines, sino a la duración del proceso, la Sala Constitucional convirtió la detención preventiva en la regla para el señor Martínez. De este modo, dicha detención se tornó arbitraria" (fj 367). **Estándar aplicado al caso 6.6**: "en el presente caso, los límites temporales de la medida de detención preventiva se fijaron en función de un determinado acto procesal, es decir, por la inminente celebración del debate y dictado del fallo. Sin embargo, el mismo no se dictó sino 13 meses después, sin que conste que se haya valorado durante dicho período, la necesidad de que el señor Martínez continuara en detención preventiva. Por tanto, dicha medida preventiva además excedió los límites de lo razonable" (fj 368). **Estándar básico 6.1**: "Cualquier restricción a la libertad que no contenga una motivación suficiente que permita evaluar si se ajusta a las condiciones señaladas será arbitraria y, por tanto, violará el artículo 7.3 de la Convención" (fj 356). **Estándar básico 7**: "en casos relativos a detenciones preventivas dentro de un proceso penal, la Corte ha indicado que la privación de la libertad del imputado no puede residir en fines preventivo-generales o preventivo-especiales atribuibles a la pena, sino que sólo se puede fundamentar en un fin legítimo, a saber: asegurar que el acusado no impedirá el desarrollo del procedimiento ni eludirá la acción de la justicia" (fj 357) **Estándar básico 7.1**: "el peligro procesal no se presume, sino que debe realizarse la verificación del mismo en cada caso, fundado en circunstancias objetivas y ciertas del caso concreto" (fj 357).
Caso Pollo Rivera y otros vs Perú, 21 de octubre de 2016 (Fondo, reparaciones y costas)	**Estándar básico 1:** cuando una norma interna procesal que ordena la prisión preventiva y afecta la libertad personal es incompatible con los artículos 1.1., 2, 7.1, 7.3 y 8.2 de la Convención Americana de Derechos Humanos debe ser inaplicada.

El 4 de noviembre de 1992 el señor Pollo Rivera fue detenido sin orden judicial por agentes de la DINCOTE, en su consultorio privado en Lima. Mediante un atestado policial de 6 de noviembre de 1992, y con base en la declaración de una persona acusada de terrorismo que lo señaló como el médico que le había amputado una pierna luego de un atentado, la DINCOTE imputó el delito de traición a la patria al señor Pollo Rivera	
Caso Wong Ho Wing vs Perú, 30 de junio de 2015 (excepción preliminar, fondo, reparaciones y costas) El 27 de octubre de 2008, en el aeropuerto de Lima en Perú, es detenido el ciudadano chino Wong Ho Wing, por el requerimiento a nivel internacional, emitido por las autoridades judiciales de Hong Kong el año 2001. El 14 de noviembre del año 2008 Perú recibe la solicitud de extradición del señor Wong Ho Wing por parte de la República Popular China, por encontrarse imputado de los delitos de contrabando de mercancías comunes, lavado de dinero y cohecho, hechos ocurridos entre agosto de 1996 y octubre de 1998	**Estándar básico 1:** "independientemente de la razón de su detención, en la medida en que se trata de una privación de libertad ejecutada por un Estado Parte de la Convención, dicha privación de la libertad debe ajustarse estrictamente a lo que la Convención Americana y la legislación interna establezcan al efecto, siempre y cuando ésta última sea compatible con la Convención"
Caso Chaparro Álvarez y Lapo Iñíguez vs Ecuador, 21 de noviembre de 2007 (excepciones preliminares, fondo, reparaciones y costas	**Estándar básica 1:** "En lo que al artículo 7 de la Convención respecta, éste protege exclusivamente el derecho a la libertad física y cubre los comportamientos corporales que presuponen la presencia física del titular del derecho y que se expresan normalmente en el movimiento físico." (fj.53).

Los hechos del presente caso se refieren a Juan Carlos Chaparro Álvarez y Freddy Hernán Lapo Íñiguez. Juan Carlos Chaparro Álvarez, de nacionalidad chilena, era dueño de una fábrica dedicada a la elaboración de hieleras para el transporte y exportación de distintos productos. Freddy Hernán Lapo Íñiguez, de nacionalidad ecuatoriana, era el gerente de dicha fábrica. El 14 de noviembre de 1997, oficiales de la policía antinarcóticos incautaron en el Aeropuerto Simón Bolívar de la ciudad de Guayaquil un cargamento de pescado. En dicho cargamento, fueron encontradas unas hieleras en las cuáles se detectó la presencia de clorhidrato de cocaína y heroína. El señor Chaparro fue considerado sospechoso de pertenecer a una organización internacional delincuencial dedicada al tráfico internacional de narcóticos, puesto que su fábrica se dedicaba a la elaboración de hieleras similares a las que se incautaron. Es así como al día siguiente se dispuso el allanamiento de la fábrica. Asimismo, se detuvieron a Juan Carlos Chaparro Álvarez y Freddy Hernán Lapo Íñiguez. Aun cuando no se encontró droga en la fábrica, ésta no fue devuelta hasta casi 5 años después	**Estándar básico 2**: "cualquier violación de los numerales 2 al 7 del artículo 7 de la Convención acarreará necesariamente la violación del artículo 7.1 de la misma, puesto que la falta de respeto a las garantías de la persona privada de la libertad implica, en suma, la falta de protección del propio derecho a la libertad de esa persona" (dj 54)
Caso Juan Humberto Sánchez vs Honduras, 7 de junio de 2003 (excepción	**Estándar básico 1:** "Este Tribunal ha señalado que con la protección de la libertad se pueden salvaguardar "tanto la libertad física de los individuos como la seguridad

preliminar, fondo, reparaciones y costas Los hechos del presente caso se refieren al señor Juan Humberto Sánchez, quien fue detenido en dos ocasiones por las fuerzas armadas hondureñas por su presunta vinculación con el Frente Farabundo Martí para la Liberación Nacional de El Salvador. La primera detención se produjo el 10 de julio de 1992, por efectivos del Décimo Batallón de Infantería de Marcala, La Paz. Al día siguiente fue liberado. La segunda detención se llevó a cabo por efectivos del Primer Batallón de Fuerzas Territoriales en su casa de habitación la noche del mismo 11 de julio. Durante más de una semana sus familiares no supieron de su paradero. El 22 de junio de 1992, se halló el cadáver de Juan Humberto Sánchez en el pozo de un río. A pesar de haberse interpuesto una serie de recursos para investigar los hechos y sancionar a los responsables, éstos no resultaron efectivos	personal, en un contexto en el que la ausencia de garantías puede resultar en la subversión de la regla de derecho y en la privación a los detenidos de las formas mínimas de protección legal" (fj 77)

CUADRO NO. 2 ELABORACIÓN PROPIA.

III.
La responsabilidad del Estado-administración de justicia por error judicial

61.- El error judicial como configurador del daño antijurídico imputable al Estado, constituye una descripción objetiva de una situación anormal de la tutela judicial efectiva incorporada de manera autónoma en el artículo 10 de la Convención Americana de Derechos Humanos, que claramente determina que el error en que hubiere incurrido toda autoridad judicial en una sentencia en firme da lugar a la indemnización de la víctima. Este mandato convencional es retomado en el artículo 66 de ley 270 de 1996 especificando que es aquel cometido por una autoridad investida de facultad jurisdiccional, en su carácter de tal, en el curso de un proceso, materializado a través de una providencia contraria al ordenamiento jurídico, que debió haber sido controvertida y encontrarse en firme para todos los efectos relativos a las reclamaciones indemnizatorios.

61.1.- El error judicial trasladado al ámbito de la responsabilidad del Estado, implica la materialización de un juicio en relación con una providencia judicial que se confronta con el ordenamiento jurídico, sus principios y valores edificantes. En este sentido es importante prever que la jurisdiccional, al igual que las demás ramas del poder público, en su función de administrar justicia se encuentra ligada al orden jurídico y busca hacer efectivos los derechos, obligaciones, garantías y libertades consagradas en el ordenamiento jurídico, con el fin de dar eficacia sustancial a sus propósitos y finalidades.

A. El daño antijurídico en los casos de responsabilidad del Estado por error judicial

62.- En los términos y condiciones del artículo 90 constitucional y en concordancia con lo preceptuado en las en el artículo 66 de la ley 270 de 1996 el daño antijurídico en tratándose del error judicial, ha de entenderse como la lesión definitiva cierta[173], presente o futura, determinada o determinable[174], anormal[175] a un derecho[176] o a un interés jurídicamente tutelado de una persona (v.gr., en un bien mueble, en un bien inmueble, en el patrimonio económico de una persona natural o jurídica[177], en otros derechos económicos, etc.), cometido por una autoridad investida de facultad jurisdiccional, en su carácter de tal, en el curso de un proceso, y materializado a través de una providencia contraria a la ley que se encuentre en firme y que la víctima no está en el deber de soportar[178].

---

173 COLOMBIA. Consejo de Estado, Sección Tercera, Subsección A, sentencia de 10 de septiembre de 2020, expediente 49332. "Esta Subsección ha considerado en anteriores ocasiones que las partes deben individualizar con precisión el daño alegado, y que éste debe ser distinto a las pretensiones estudiadas en los procesos sobre los cuales se alega error judicial".

174 COLOMBIA, Consejo de Estado, Sección Tercera, sentencia de 19 de mayo de 2005, expediente 2001-01541 AG.

175 COLOMBIA, Consejo de Estado, Sección Tercera, sentencia de 14 de septiembre de 2000, expediente 12166. "por haber excedido los inconvenientes inherentes al funcionamiento del servicio".

176 COLOMBIA, Consejo de Estado, Sección Tercera, sentencia de 2 de junio de 2005, expediente 1999-02382 AG. COLOMBIA. Consejo de Estado, Sección Tercera, Subsección C, sentencia de 27 de agosto de 2020, expediente 48704. "La Sala advierte que la demandante padeció un daño porque, en efecto, en el proceso ejecutivo hipotecario se negó la solicitud de nulidad que impetró y, por tanto, el litigio siguió su curso, al punto que finalizó con el remate y la adjudicación del bien; sin embargo, ese daño no tiene la connotación de antijurídico y, por ende, no es indemnizable. De conformidad con la jurisprudencia de la Sección, en algunas oportunidades el juez dispone de una "única decisión correcta" para resolver el asunto sometido a su conocimiento; no obstante, en otros escenarios, pueden existir distintas decisiones razonables, de manera que, en este tipo de casos, solamente existirá responsabilidad del Estado cuando las providencias carecen de una justificación o argumentación coherente, jurídicamente atendible, que las provea de aceptabilidad".

177 COLOMBIA. Consejo de Estado, Sección Tercera, Subsección A, sentencia de 10 de septiembre de 2020, expediente 62018. "[E]s de importancia puntualizar que la pérdida en venta de activos respecto del valor en libros y la insuficiencia de remanentes para los socios de la entidad en la liquidación judicial no constituye prueba de un daño antijurídico en sí mismo, toda vez que puede corresponder a las reglas del proceso liquidatorio, en el que se realiza un avalúo de los bienes que conforman la masa de la liquidación"

178 Cabe advertir, que la Carta Política de 1991 introduce el concepto de daño antijurídico, cuya delimitación pretoriana no ha sido completa, y ha suscita-

B. EL RÉGIMEN JURÍDICO DE LA IMPUTACIÓN EN LOS CASOS DE RESPONSABILIDAD POR ERROR JUDICIAL

63.- El error indudablemente configura un vicio de los proscritos en relación con el ejercicio de la actividad pública judicial del Estado, el cual de configurarse y de tener la fuerza suficiente para configurar daño antijurídico, puede ser imputado con propósitos indemnizatorios, tal como lo establece la Convención Americana de Derechos Humanos y el ordenamiento jurídico colombiano. Precisamente el daño antijurídico para que sea imputable al Estado en los términos de la Ley 270 de 1996 debe reunir los elementos del artículo 66 de esta ley y cumplir con los presupuestos del artículo 67 de la misma, tal como pasa a explicarse: 1.- Que en el error incurra una autoridad investida de facultad jurisdiccional en ejercicio de la misma. 2.- Que el error hubiere ocurrido en el curso de un proceso judicial y materializado en consecuencia en una providencia judicial. 3.- Que el error tenga la fuerza e intensidad suficiente para hacer que esa providencia se torne sustancialmente contraria al ordenamiento jurídico. 4.-que el afectado hubiere interpuesto los recursos de ley contra la providencia lesiva incursa en el error y la misma se encuentre en firme.

1. Que en el error incurra una autoridad investida de facultad jurisdiccional en ejercicio de la misma. (Jueces, Tribunales y Altas Cortes)

64.- Debe entenderse el error judicial como aquel comprendido en los actos jurisdiccionales, esto es, los proferidos por los jueces y los particulares que convencional, constitucional y legalmente están investidos de función jurisdiccional, lo cual, según lo preceptuado por el artículo 116 constitucional, abarca a la Corte Suprema de Justicia, Corte Constitucional, Consejo de Estado, tribunales y jueces; y excepcionalmente al Congreso de la República (artículos 174, 178 núm. 3°), autoridades administrativas que en determinados asuntos administran justicia, los particulares en condición de conciliadores, árbitros, jueces de paz y las autoridades indígenas[179].

---

do confusiones, especialmente con el concepto de daño especial, al entender que la carga no soportable es asimilable a la ruptura del equilibrio de las cargas públicas, lo que no puede admitirse y debe llevar a reflexionar a la jurisprudencia y a la academia de la necesidad de precisar el contenido y alcance del daño antijurídico, que sin duda alguna se enriquece desde una visión casuística.

179 COLOMBIA, Consejo de Estado. Sección Tercera. Subsección C, Sentencia del 6 de marzo de 2013, expediente 24841.

64.1.- A este respecto cabe resaltar que las decisiones de las Altas Cortes u órganos de cierre de la justicia también pueden ser objeto de confrontación con el ordenamiento jurídico con el propósito de verificar de si incurren en error. La Corte Constitucional inicialmente a propósito del análisis de la ley estatutaria de administración de justicia, ley 270 de 1996, condicionó la exequibilidad de la norma a que no fuera posible reclamar una responsabilidad del Estado por la actuación de las altas corporaciones de la rama judicial bajo el fundamento del error jurisdiccional, lo anterior, por cuanto consideró que ello equivaldría a reconocer que por encima de los órganos límite no se encontraban otros órganos superiores[180].

64.2.- La Corte Constitucional, sin embargo, en aquella oportunidad dejó abierta la posibilidad, de que se pudieran revisar las providencias proferidas por cualquier autoridad judicial en aquellos casos en que se presente una vía de hecho o se amenazara o vulnerara un derecho constitucional fundamental[181].

---

180 COLOMBIA, Corte Constitucional, Sentencia de Constitucionalidad 037 de 5 de febrero de 1996. "…Sobre el particular, entiende la Corte que la Constitución ha determinado un órgano límite o una autoridad máxima dentro de cada jurisdicción; así, para la jurisdicción constitucional se ha previsto a la Corte Constitucional (Art. 241 C.P.), para la ordinaria a la Corte Suprema de Justicia (art. 234 C.P.), para la contencioso administrativa al Consejo de Estado (Art. 237 C.P.) y para la jurisdiccional disciplinaria a la correspondiente sala del Consejo Superior de la Judicatura (Art. 257 C.P.). Dentro de las atribuciones que la Carta le confiere a cada una de esas corporaciones, quizás la característica más importante es que sus providencias, a través de las cuales se resuelve en última instancia el asunto bajo examen, se unifica la jurisprudencia y se definen los criterios jurídicos aplicables frente a casos similares. En otras palabras, dichas decisiones, una vez agotados todos los procedimientos y recursos que la ley contempla para cada proceso judicial, se tornan en autónomas, independientes, definitivas, determinantes y, además, se convierten en el último pronunciamiento dentro de la respectiva jurisdicción. Lo anterior, por lo demás, no obedece a razón distinta que la de garantizar la seguridad jurídica a los asociados mediante la certeza de que los procesos judiciales han llegado a su etapa final y no pueden ser revividos jurídicamente por cualquier otra autoridad de la rama judicial o de otra rama del poder público…".

181 En los términos definidos en la Sentencia C-543 de 1992 y demás jurisprudencia de la Corte Constitucional. COLOMBIA. Corte Constitucional. Sentencia T-323 de 2012. La "autonomía conferida por la Constitución Política a los jueces no puede convertirse en un pretexto para que estos incurran en arbitrariedades. El derecgo al debido proceso, consagrado en el artículo 29

64.3.- Para el caso de las providencias de las Altas Cortes, estas razones derivadas de la fundamentación de la acción de tutela se consideraron las únicas posibles para impugnar de manera excepcional sus providencias.

64.4.- Esta posición fue reconsiderada por la Corte en sentencia C-038 del 1 de febrero de 2006 por medio de la cual se pronunció sobre la constitucionalidad del artículo 86 del Código Contencioso Administrativo modificado por la Ley 446 de 1998. Oportunidad en la cual, esa corporación, reconoció la responsabilidad plena de los poderes públicos a la luz del artículo 90 constitucional[182]. Posición esta que de manera reiterada ha sostenido la jurisprudencia del H. Consejo de Estado[183].

64.5.- De todas formas, sobra advertir, que todas las autoridades públicas y poderes del Estado están llamados a responder en los términos del artículo 90 constitucional, con mayor razón las judiciales y sin excepción alguna las altas cortes, en cuanto se encuentran sometidas a la Constitución, la ley, los principios, los valores, los precedentes judiciales y al orden convencional, no obstante detentar por mandato constitucional el carácter de órganos de cierre.

64.6.- En otras palabras, las decisiones de las Altas Cortes no pueden estar por fuera de las instituciones y el derecho, luego desmanes, desconocimientos, vulneraciones que generen daños antijurídicos, de ser imputables al

---

de la Constitución, es un límite obvio a la actividad judicial. Así pues, la autonomía del juez se debe ajustar a la observancia de este derecho de carácter fundamental".

182 COLOMBIA, Corte Constitucional, sentencia C-038 de 1 de febrero de 2006. "(...) tal como lo ha entendido el Consejo de Estado, la disposición constitucional que regula la materia establece la obligación de reparar los daños antijurídicos provenientes de cualquier autoridad pública. En efecto, como se ha reiterado el precepto simplemente establece dos requisitos para que opere la responsabilidad patrimonial estatal, a saber, que haya un daño antijurídico y que éste sea imputable a una acción u omisión de una autoridad pública, sin hacer distingos en cuanto al causante del daño...sería abiertamente inconstitucional desde la perspectiva del Estado Social de Derecho y de los principios y valores que rigen nuestro ordenamiento constitucional tales como la solidaridad, la igualdad, la justicia material y la supremacía de la Constitución. Principios que cristalizaron en el ordenamiento jurídico colombiano y que encontraron una de sus expresiones en la disposición constitucional en comento".

183 COLOMBIA, Consejo de Estado. Sección Tercera. Subsección C, Sentencia del 6 de marzo de 2013, expediente 24841.

Estado juez generan responsabilidad y reparación, no en cuanto, las conductas de los agentes judiciales estén incursas en vías de hecho, sino en la medida en que surjan a la vida jurídica de las entrañas de la decisión judicial, incursas, para el caso en error, daños antijurídicos a cargo que deban ser reparados[184].

---

184 COLOMBIA. Consejo de Estado, Sección Tercera, Subsección B, sentencia de 1 de junio de 2020, expediente 44857. "[I]ndependientemente de la jerarquía de las autoridades judiciales en el Estado constitucional, toda autoridad pública está potencialmente expuesta a causar un daño antijurídico, que ningún asociado está obligado soportar. En este sentido, que el daño provenga de un Alta Corporación judicial, no constituye una razón suficiente para exonerar al Estado de responsabilidad. De conformidad con lo expuesto, la Sala concluye que el Estado, a través de las acciones y omisiones de las altas cortes, también incurre en error judicial determinante de su responsabilidad patrimonial del Estado, por varias razones: Porque el artículo 90 de la Constitución no hace distinciones. La constitución establece que todas las autoridades que ejercen función pública, pueden determinar con sus acciones u omisiones la responsabilidad del Estado. Porque no atenta contra el principio de seguridad jurídica. El juicio es el de la responsabilidad del Estado y no comporta la reapertura del proceso definido en la providencia cuestionada. El juicio de responsabilidad recae sobre la actuación del juez en ejercicio de sus funciones y sobre la configuración del daño; no comporta el renacimiento de un proceso ya terminado. Así también porque la decisión del juez contencioso administrativo no comprende la modificación o alteración de lo dispuesto en el ejercicio materia de la providencia acusada. Porque las altas cortes no son infalibles, tanto así que se han consagrado legalmente recursos extraordinarios y de lo expuesto por la Corte Constitucional al conocer de las tutelas contra providencias judiciales proferidas por las altas cortes. La inmunidad jurisdiccional del Estado-Juez por los daños antijurídicos producidos en las sentencias no puede explicarse al amparo del argumento de que los pronunciamientos de las altas cortes son consideradas el cierre del debate judicial y que, por eso, no es posible derivar consecuencias lesivas para los asociados; habida cuenta que el dogma de la irresponsabilidad del Estado-Juez es incompatible con los presupuestos de construcción de un Estado constitucional, democrático y de derecho". COLOMBIA. Consejo de Estado, Sección Tercera, Subsección B, sentencia de 2 de marzo de 2020, expediente 46268. COLOMBIA. Consejo de Estado, Sección Tercera, Subsección A, sentencia de 6 de febrero de 2020, expediente 53212. COLOMBIA. Consejo de Estado, Sección Tercera, Subsección C, sentencia de 28 de octubre de 2019, expediente 45957. COLOMBIA. Consejo de Estado, Sección Tercera, Subsección C, sentencia de 30 de septiembre de 2019, expediente 63541.

2. Que el error hubiere ocurrido en el curso de un proceso judicial y materializado en consecuencia en una providencia judicial

65- Constituye requerimiento básico de carácter convencional y legal para la procedencia de la imputación la configuración de una de las hipótesis de error que la doctrina reconoce como aptos o con fuerza suficiente para viciar una decisión judicial. Es la razón elemental para circunscribir el análisis de este segundo elemento, al entendimiento sustancial de esta figura vaciadora de la voluntad judicial.

a. Teoría del error y la decisión judicial

66- El error como determinante de un daño antijurídico imputable al Estado, es todo aquel estructurado a partir de la disconformidad de la decisión del juez con el ordenamiento jurídico, sus principios y valores que regulan y son aplicables el tema de la decisión incluida la valoración probatoria que corresponda realizar. Visto así, el error tiene sus raíces en la teoría general del derecho. Desde esta perspectiva, y acudiendo a las directrices doctrinales, podemos indicar que el concepto de error se refiere a la falta de conformidad entre lo resuelto y la realidad de los elementos facticos y jurídicos que le sirvieron de fundamento para su adopción[185].

66.1.- Observamos en consecuencia tres esferas perfectamente determinadas en el concepto de error: la primera se instituye en el convencimiento de la autoridad judicial y consiste primordialmente en la concepción que se forma este sujeto sobre una realidad del acervo documental, conceptual, y jurídico aplicable al caso; la segunda corresponde a la cantidad de elementos del mundo exterior que determinan el convencimiento. Por último, la tercera corresponde al plano exterior de órgano judicial: el mundo jurídico en donde se proyecta la inconformidad entre la realidad fáctica y las concepciones del órgano correspondiente.

66.2.- El error no se puede identificar con la ignorancia del juzgador. Mientras el primero corresponde a una idea falseada de la realidad, deducida por el juez, conforme al estudio de algunos elementos que posee, la segunda corresponde a una categoría de falta o carencia absoluta de conocimiento sobre una determinada realidad.

---

185 La doctrina es prácticamente unánime en este sentido. Eugene Gaudemet (*Teoría general de las obligaciones*, México, Porrúa, 1984, p. 72): "... puede definirse el error como un desacuerdo entre la declaración de voluntad y la voluntad real..."; Albert Trabucchi (*Instituciones de derecho civil*, t. I, *Revista de Derecho Privado*, Madrid, 1967, p. 167): "Falsa representación de la realidad que concurre a determinar la voluntad del sujeto...".

67.- El error podemos clasificarlo en: de hecho y de derecho, cada uno de los cuales admite algunas otras posibilidades.

b. ***Error de hecho***

68.- Es aquel que depende de la idea que se forma el juzgador sobre situaciones fácticas, aconteceres, circunstancias, personas, características, cualidades e identidad de las cosas, etcétera. Se requiere que el grado de error adquiera magnitud de consideración, lo que denomina la doctrina como *"condición de esenciabilidad"*, pues no cualquier error puede perturbar la normal marcha del obrar judicial. Se considera que existe *"condición de esenciabilidad"*, cuando el error recae directamente sobre uno de los elementos integrantes de la decisión -sujetos, objetos, motivos, etc.-, o sobre cualidades sustanciales requeridas en una determinada actuación.

68.1.- La doctrina identifica como errores de hecho los siguientes: (1) error en cuanto a la persona, sus calidades, el nombre o razón social, identidad, nacionalidad, estado civil de las personas, e incluso sobre su condición física individual, JOSSERAND lo concreta en aquellos elementos que "presentan el *intuitus personae*, como la clave del papel desempeñado por el error que recae sobre la persona [...] sólo donde exista, el error cometido reviste el valor de un móvil viciado e implica, por tanto, la nulidad" [186], sin embargo, esta modalidad resulta predicable con más propiedad en los actos y negocios jurídicos y no tanto en el error judicial; (2) error en cuanto a la naturaleza de la decisión judicial en sí misma, se dicta la que no corresponde. La doctrina, tradicionalmente, ha considerado este tipo de error como excluyente de la voluntad; es un error tan grave, sostiene Gaudemet, que la voluntad no existe[187]; constituye un claro ejemplo del denominado error-obstáculo u obstativo, en la medida que hace ostensible una divergencia -consciente o inconsciente- entre la voluntad y su declaración, haciendo de esta última un evidente absurdo. Considera BETTI como posibles causas de una discrepancia de esta magnitud la distracción, el descuido o la ignorancia del funcionario al que corresponda adoptar la decisión[188]. Por último, como el calificativo doctrinal lo indica, este error, que más que eso es un verdadero descuido, determina la presencia de un impedimento u obstáculo para el surgimiento de la verdadera decisión judicial. JOSSERAND va mucho más allá en sus

186 JOSSERAND. *Los móviles, cit.*, p. 56.

187 GAUDEMET. *Teoría, cit.*, p. 73.

188 BETTI, Emilio, "Teoría general del negocio jurídico", *Revista de Derecho Privado*, Madrid, 1959, p. 155.

apreciaciones, y considera que un error de estas características "entraña la inexistencia del acto" debido a que no solamente corrompe la voluntad, sino que la destruye: "el acto se reduce a las proporciones de un simple error, se convierte en nada"[189].

68.2.- Error en cuanto al objeto de la decisión judicial, se configura en aquellos casos en que se materializa el error respecto de la existencia o identidad del objeto. De esta manera, la voluntad exteriorizada pretende surtir sus efectos sobre un objeto que en su proceso de elaboración no identificó plenamente o creyó erradamente en su existencia.

68.3.- Error en cuanto a los motivos de la decisión, el juez se equivoca internamente sobre los motivos que la inducen a producir su decisión; por esta razón, fundamenta el acto judicial que ha de exteriorizar con motivos que no corresponden con la realidad fáctica-jurídica.

69.- Error en cuanto a la sustancia, se refiere a aquellos errores en la esencia del objeto que son determinantes para proferir el fallo o decisión judicial; es decir, a las cualidades indispensables que orientan de manera primordial la voluntad del juez, sin las cuales no hubiere sido posible que exteriorizare su querer interno. Corresponde a una modalidad de error nulidad o error vicio, que consiste primordialmente, como lo señala PUGLIATTI, "en una falsa representación que determina al sujeto a querer en un determinado modo; la voluntad existe y corresponde a la declaración [...] está viciada en su formación"[190].

c. *Error de derecho*

70.- Es otra de las modalidades de la teoría del error aplicable a la decisión judicial, no obstante las concepciones doctrinarias que pretenden encontrar en razón de sus efectos un solo tipo de error[191]. Consideramos, por sus especiales características, que el error de derecho merece tratamiento particularizado. Se caracteriza porque determina una errónea formación de la voluntad, en razón de que la información legal del juzgador se encontraba falseada en cuanto a su existencia o interpretación. No es excusable para el juez el desconocimiento del ordenamiento jurídico al que debe someter sus decisiones; por su misma naturaleza normativa y de principios, el juez debe conocer y manejar correctamente el ordenamiento

189 JOSSERAND. *Los móviles, cit.*, p. 48.

190 PUGLIATTI, Salvatore, *Introducción al estudio del derecho civil*, Porrúa, México, 1943, p. 266.

191 JOSSERAND. *Los móviles, cit.*, pp. 32 y ss.

positivo y su marco referencial e interpretativo, principios valores, precedentes aplicables al caso[192]-[193].

---

192 La fuerza vinculante de un precedente deviene de la existencia de un referente fáctico común o asimilable a partir del cual se deriva la *ratio decidendi* (por oposición a los *obiter dicta*) que operó como sub regla de derecho en la resolución del caso anterior y siempre que no existan razones suficientes que aconsejen el abandono de dicho precedente a efectos de fijar una tesis jurisprudencial nueva. Esto es, "Lo trascendente en el concepto de *ratio decidendi*, es también y de manera significativa el componente fáctico que hubiere motivado y llevado a la decisión correspondiente. Tan solo configurara la ratio lo que corresponda en derecho en relación con los hechos involucrados en la decisión, lo demás, no es, ni puede considerarse técnicamente como verdadera *ratio*, en cuanto no corresponde al análisis jurídico obvio y necesario para resolver en derecho lo que corresponda en relación con los hechos del caso (...) Los precedentes pueden ser declarativos si se limita a aplicar una norma ya existente y creativos el que crea y aplica una nueva norma; obligatorio es aquel que inevitablemente los jueces deben seguir lo aprueben o no y persuasivos esta dado por aquel que los jueces no deben seguir pero que dada su existencia de alguna manera deberían tomar en consideración." (Resaltado propio). SANTOFIMIO GAMBOA, Jaime Orlando. "La fuerza de los precedentes administrativos en el sistema jurídico del derecho positivo colombiano". *Revista de Derecho de la Universidad de Montevideo.* Año X (2011) N° 20, p. 127-154, especialmente 133. Alexy destaca este punto a partir de la formulación de una regla de la argumentación según la cual "quien quiera apartarse de un precedente, asume la carga de la argumentación", como una manifestación del principio de inercia elaborado por Perelman. ALEXY, Robert, *Teoría de la argumentación jurídica*, Centro de Estudios Constitucionales, *cit.*, Madrid, 1989, p. 263.

193 "La doctrina del auto-precedente puede ser interpretada en un sentido más amplio, como una manifestación del principio kantiano de universalidad en el discurso jurídico para jueces y tribunales, ya que este principio ordena que una respuesta correcta es necesaria para casos similares, y esto es, precisamente, aunque dicho de otra manera, lo que la regla del auto-precedente representa. Además, inclusive si no se puede sostener que exista una respuesta correcta que pueda ser descubierta por cada juez o tribunal, el principio de la universalidad ordena suponer que una respuesta correcta existe para cada juez o tribunal de forma individual. La regla del auto-precedente es precisamente la manifestación de este requisito de actuar "como si" una respuesta correcta existiera en el derecho. En efecto, la universalidad es un principio básico del razonamiento práctico kantiano, el cual ordena que debemos actuar en apego a un criterio que, considerado como correcto, estaríamos dispuestos a aplicar en cualquier caso similar en el futuro. Por ende, en el sentido jurí-

71.- Dentro de este contexto, consideramos que el error de derecho puede traducirse en cuatro modalidades específicas: violación directa del orden positivo; falsa interpretación del orden positivo; errónea interpretación del orden positivo, y violación por aplicación indebida del orden positivo.

71.1.- En cuanto a la primera, se configura la irregularidad en las eventualidades en que, con conocimiento o sin éste, la autoridad judicial profiere decisión con omisión total de la norma, principio, o precedente aplicable, como si los mismos no existieran. Se produce, en consecuencia, una inaplicación directa, provocando de hecho un vacío que es llenado de manera arbitraria por el juez. (Situación intolerable si se tiene en cuenta la configuración del principio de legalidad en el Estado de derecho y sus implicaciones frente a la defensa de los intereses generales y los subjetivos de los asociados y la colectividad).

71.2.- Hay error de derecho por falsa interpretación del ordenamiento positivo cuando el juez acude a los preceptos normativos aplicables a la situación fáctica correspondiente; pero de manera consciente o interesada, acomodada, amañada o torcida, incursionando abiertamente en los senderos de conductas dolosas, le da a la respectiva norma una interpretación que no corresponde a la realidad, desconoce sus principios fundantes e incluso los precedentes que le dan cuerpo, identidad y textura para su debida aplicación. A pesar de conocerse el alcance que debía otorgarle a su decisión, de acuerdo con el contenido del precepto legal, le da uno diferente al que racionalmente se puede desprender de su texto. La decisión así proferida, en nuestra opinión, es claro ejemplo no de un fallo o decisión judicial viciado por error, sino, por el contrario, de dolo -no obstante los criterios doctrinales que lo identifican como modalidad del error-.

71.3.- En la errónea interpretación el juez modifica el sentido de la norma o principio aplicable, en razón de diferentes circunstancias, entre las que se podrían destacar la poca claridad o amplitud de las normas aplicables, al igual que la falta de un estudio o análisis sistemático de las mismas, e incluso la ignorancia jurídica del intérprete. No median en estos eventos intereses particulares que puedan inducir a decisiones irregulares; es un problema en estricto sentido de interpretación jurídica el que origina el error.

---

dico este principio requiere que cuando los jueces y tribunales deciden casos, ellos deben tomar decisiones que estén dispuestos a aplicar en casos futuros análogos. GASCÓN ABELLÁN, Marina. *La racionalidad y el auto-precedente*. En: (BERNAL PULIDO, Carlos y BUSTAMANTE, Thomas; Eds.,) *Fundamentos filosóficos de la teoría del precedente judicial*. Universidad Externado de Colombia, Bogotá, 2015, p. 70-71.

71.4.- La última de las posibilidades planteadas es la que se refiere a la aplicación indebida del ordenamiento jurídico. Hay violación en estas oportunidades por dos muy corrientes situaciones: aplicación de normas derogadas y aplicación de normas que no correspondan al caso concreto. En la primera situación, el juez acude a regulaciones legales que han perdido su vigencia por derogatoria, declaratoria de inexequibilidad o de legalidad, o suspensión provisional; de inmediato, el fallo o decisión judicial se torna irregular. La segunda situación se configura cuando el fallo o decisión judicial se funda en un complejo normativo improcedente. Las normas invocadas por el juez regulan aspectos totalmente diferentes a los que tiene por objeto el fallo o decisión judicial. La violación por indebida aplicación normativa puede darse por desconocimiento, ignorancia o evidente actuación dolosa o interesada del juez.

d. *El error en la decisión judicial: (Providencia contraria al ordenamiento jurídico)*

72.- Sobre la anterior base conceptual el Consejo de Estado ha configurado el alcance del error en relación con todo tipo de decisión judicial. Precisamente al ocuparse de la determinación, identificación y alcance de lo que puede ser una "providencia contraria a la ley" a que se refiere el artículo 66 de la ley 270 de 1996, ha dicho que es aquella que surge al subsumir los supuestos de hecho del caso en las previsiones de la norma (error de interpretación), de la indebida apreciación de las pruebas en las cuales ella se fundamenta (error de hecho), de la falta de aplicación de la norma que corresponde o de la indebida aplicación de la misma[194].

72.1.- La jurisprudencia del Consejo de Estado en su Sección Tercera sostiene que para endilgar la responsabilidad patrimonial del Estado por error judicial deben concurrir como exigencias básicas que (i) se trate de una decisión judicial que interpreta, declara o hace efectivo un derecho; (ii) esto es, que esté contenido en una providencia judicial; (iv)proferido por un funcionario investido de autoridad judicial; y, (v) que el asociado afectado haya interpuesto los recursos procedentes[195].

72.1.- Incluyendo, y esta es la lectura adicional y de contexto que le hacemos la posición del Consejo de Estado, dentro de ellas, obviamente las con-

194 COLOMBIA, Consejo de Estado, Sección Tercera, sentencia de 14 de agosto de 1997, expediente 13258. COLOMBIA. Consejo de Estado, Sección Tercera, Subsección A, sentencia de 13 de agosto de 2020, expediente 55216.

195 COLOMBIA. Consejo de Estado, Sección Tercera, Subsección A, sentencia de 31 de julio de 2020, expediente 48036.

vencionales y las constitucionales, conclusión a la que se llega, no solo por la vía de los postulados de la Convención Americana de Derechos Humanos y los fallos y opiniones consultivas de la Corte Interamericana de Derechos Humanos, sino también de los trabajos jurisprudenciales de la propia Corte Constitucional[196]-[197], lo que hace que realmente la providencia judicial en materia de error judicial sea aquella contraria al ordenamiento jurídico.

72.2.- En este orden de ideas, el error juridicial, puede ser entonces de hecho o de derecho orden. El primero, supone diferencias entre la realidad procesal y la decisión judicial, porque i) no consideró un hecho debidamente probado o ii) se consideró como fundamental un hecho que no lo era, o se presentan distancias entre la realidad material y la procesal, i) porque no se decretaron pruebas conducentes para determinar el hecho relevante para el derecho o ii) porque la decisión judicial se fundamentó en un hecho que posteriormente se demostró que era falso). El error normativo o de derecho, supone equivocaciones i) en la aplicación del derecho, pues se aplicó al caso concreto una norma que no era relevante o se dejó de aplicar una directa o indirectamente aplicable al mismo y ii) cuando se aplicaron normas inexistentes o derogadas y otros similares[198].

---

196 COLOMBIA, Corte Constitucional, Sentencia C- 037 de 5 de febrero de 1996. "que la presente situación, como lo señala la norma, se materializa únicamente a través de una providencia judicial; es decir, cualquier otra actuación de un administrador de justicia, así sea en ejercicio de sus labores públicas, deberá ser evaluada a la luz de la responsabilidad del Estado en los términos de la Constitución y la ley, y no dentro de los parámetros que en esta oportunidad ocupan la atención de la Corte...".

197 En sentencia de 6 de marzo de 2013 (expediente 24841) la jurisprudencia de la Subsección C de la Sección Tercera del Consejo de Estado ha señalado que la definición de error jurisdiccional comprende también aquellas providencias que sean contrarias a la Constitución Política. Así lo consideró el fallo citado: "La Sala para definir una "providencia contraria a la ley" ha dicho que es aquella que surge al subsumir los supuestos de hecho del caso en las previsiones de la norma (error de interpretación), de la indebida apreciación de las pruebas en las cuales ella se fundamenta (error de hecho), de la falta de aplicación de la norma que corresponde o de la indebida aplicación de la misma. Hay que entender incluida en la definición de error jurisdiccional además las providencias contrarias a la Constitución, que de acuerdo con el artículo 4° es norma de normas". COLOMBIA, Consejo de Estado, Sección Tercera, Subsección C. Sentencia de 6 de marzo de 2013, expediente 24841.

198 COLOMBIA, Consejo de Estado, Sección Tercera. Subsección C, Sentencia del 6 de marzo de 2013. expediente 24841.

72.3.- Situaciones estas anormales que se deben dar inobjetablemente dentro de los marcos de un proceso judicial y con ocasión de la sentencia misma, esto en la medida en que se trata de admitir un daño producido a partir de una clara falla del juez en el ejercicio autónomo y discrecional de administración de justicia[199].

3. **Que el error tenga la fuerza e intensidad suficiente para hacer que esa providencia se torne sustancialmente contraria al ordenamiento jurídico**

a. Error con fuerza determinante

73.- No cualquier error es suficiente para ser considerado como determinante para efectos de configurar un daño antijurídico imputable al Estado con ocasión de la actividad judicial de los poderes públicos. Recordemos que el error, en cuanto falta de conformidad entre el fuero o voluntad interna de la autoridad judicial y los elementos que le sirvieron de fundamento para la formación de la razonabilidad de la decisión judicial correspondiente, tanto en lo factico como en lo jurídico, debe ser significativo, trascedente y sustancial, configurador de un verdadero daño antijurídico, que la víctima no este llamado a soportar, esto es, con capacidad y fuerza suficiente para vulnerar sus derechos e intereses.

73.1.- Las meras inconsistencias e inconformidades entre la realidad de las cosas y las pruebas o el derecho aplicable al caso, o en relación con los demás elementos sustanciales predicables del fallo, que no tengan la capacidad de proferir daño alguno, o su magnitud no hiera o vulnere el derecho en su núcleo esencial, no es de recibo para efectos de la responsabilidad del Estado juez[200].

---

199 COLOMBIA, Corte Constitucional, Sentencia C-037 de 5 de febrero de 1996. "En segundo lugar, debe decirse que el error jurisdiccional no puede ser analizado únicamente desde una perspectiva orgánica como parece pretenderlo la norma bajo examen. Por el contrario, la posible comisión de una falla por parte del administrador de justicia que conlleve la responsabilidad patrimonial del Estado, debe ser estudiada desde una perspectiva funcional, esto es, bajo el entendido de que al juez, por mandato de la Carta Política, se le otorga una autonomía y una libertad para interpretar los hechos que se someten a su conocimiento y, asimismo, aplicar las normas constitucionales o legales que juzgue apropiadas para la resolución del respectivo conflicto jurídico (Art. 228 C.P.)".

200 COLOMBIA, Consejo de Estado, Sección Tercera. Subsección C, Sentencia del 6 de Marzo de 2013. Expediente 24841. COLOMBIA. Consejo de Estado,

73.2.- Así las cosas, no estaría dentro del alcance del concepto de error judicial, las discusiones relativas a las interpretaciones jurídicas en las hipótesis en que el juez adopta una posición en relación con ellas en la providencia que se pretende cuestionar. *"No es de recibo la configuración del error jurisdiccional en circunstancias que se mueven en la esfera de lo cuestionable, por cuanto dependen de las interpretaciones que, aunque disímiles pero validas, efectúe el juez tanto de los hechos como del Derecho"*[201].

73.3.- En virtud del respeto y acatamiento de los principios de independencia, especialidad y autonomía funcional del juez, la interpretación de los hechos, la valoración probatoria y la aplicación del Derecho no siempre arrojan resultados hermenéuticos unificados, en cuanto juega papel importante el margen de apreciación fáctica y de interpretación del derecho que precisamente estos principios le otorgan materialmente a quien administra justicia[202], lo cual da como resultado que sea válido y por lo demás aceptable dentro del ordenamiento jurídico que distintos operadores judiciales apliquen la misma norma o valoren la misma situación fáctica a partir de entendimientos o conceptos diferentes que, igualmente, proyectaran tesis dispares, por cuanto, no en todos los eventos es posible identificar una única respuesta[203] salvo, en aquellos casos donde, conforme a la situación fáctica, medie la existencia de precedente de orden convencional, constitucional o de órgano de cierre o decisión unificadora de jurisprudencia[204]

Sección Tercera, Subsección A, sentencia de 3 de julio de 2020, expediente 50102. COLOMBIA. Consejo de Estado, Sección Tercera, Subsección A, sentencia de 3 de julio de 2020, expediente 51042. COLOMBIA. Consejo de Estado, Sección Tercera, Subsección A, sentencia de 19 de junio de 2020, expediente 50496.

201 COLOMBIA, Corte Constitucional, Sentencia C-037 de 5 de febrero de 1996. "Dentro de este orden de ideas, se insiste, es necesario entonces que la aplicabilidad del error jurisdiccional parta de ese respeto hacía la autonomía funcional del juez. Por ello, la situación descrita no puede corresponder a una simple equivocación o desacierto derivado de la libre interpretación jurídica de la que es titular todo administrador de justicia".

202 COLOMBIA. Consejo de Estado, Sección Tercera, Subsección B, sentencia de 1 de junio de 2020, expediente 44857.

203 COLOMBIA, Consejo de Estado, Sección Tercera. Subsección C, Sentencia del 6 de marzo de 2013, expediente 24841.

204 La figura de unificación de jurisprudencia es predicable respecto de autos y sentencias judiciales. Al respecto véase: COLOMBIA, Consejo de Estado, Sala Plena de lo Contencioso Administrativo. Auto de 25 de junio de 2014, expediente 49299.

que vincule de manera clara e indiscutible al juzgador en la aplicación del derecho[205].

73.4.- Se trata, sin embargo, de reconocer la dificultad que supone la labor de interpretación y aplicación del derecho por parte de los operadores judiciales, pues en más de las veces las respuestas que el sistema jurídico (convencional, constitucional y legal) ofrece a un problema pueden derivar en hipótesis de resolución contradictorias, aún cuando todas ellas se presenten, *prima facie*, como sucedáneo de un razonamiento jurídico.

73.5.- Por consiguiente, es preciso partir de una premisa básica y central para abordar la cuestión: la sujeción del Juez al ordenamiento jurídico convencional y constitucional, de donde se encuentra el deber de todo operador de motivar de manera suficiente y razonada las decisiones judiciales conforme a los principios, valores y reglas de todo el sistema jurídico.

73.6.- El deber de motivar una decisión judicial deviene exigible desde la doble perspectiva convencional y constitucional. Desde la primera de éstas, los artículos 8 y 25 de la Convención, relativos a las garantías judiciales y la protección judicial, permiten establecer los lineamientos generales a partir de los cuales se consagra el ejercicio de una labor judicial garante de los Derechos Humanos. En el campo específico del deber de motivar las decisiones judiciales, la Corte Interamericana de Derechos Humanos ha sostenido que "las decisiones que adopten los órganos internos que puedan afectar derechos humanos deben estar debidamente fundamentadas, pues de lo contrario serían decisiones arbitrarias[206]. La motivación es la exteriorización de la justificación

---

205 COLOMBIA, Consejo de Estado, Sección Tercera, Sub-sección, Sentencia de 26 de julio de 2012, expediente 22581 "...18. Este asunto de la banalización del error judicial adquiere un carácter superlativo si se tienen en cuenta no solo los distintos métodos de interpretación jurídica existentes -que llevan a juicios concretos distintos-, sino también la variedad de concepciones del derecho que circulan en el mundo académico y que tienen gran incidencia en cuestiones prácticas como las judiciales. Si según alguna versión del realismo jurídico el derecho es lo que diga el juez y para el iuspositivismo existen varias respuestas correctas en derecho, entonces la pregunta por el error judicial puede quedar en entredicho, pues en el primer caso no sería posible juzgar a quien estipula el derecho y en el segundo el intérprete siempre quedaría justificado porque básicamente escogió una de las posibilidades hermenéuticas de las varias que ofrece la norma...".

206 *Cfr.* Caso *Yatama Vs. Nicaragua. Excepciones Preliminares, Fondo, Reparaciones y Costas*. Sentencia de 23 de junio de 2005. Serie C N° 127, párrs. 144, 153 y 164.

razonada que permite llegar a una conclusión"[207], justificándose esta exigencia de los funcionarios judiciales en el derecho que tienen los ciudadanos de ser juzgados "por las razones que el derecho suministra"[208] además de generar credibilidad de las decisiones judiciales en un Estado que se precie de ser democrático.

73.7.- A su turno, la jurisprudencia constitucional ha sostenido que la falta de motivación siquiera mínima de una decisión judicial lleva a decir que ésta "reproduce las simples inclinaciones o prejuicios de quien debe resolver un asunto"[209], al tiempo que ha precisado que en el ejercicio de aplicación de las normas jurídicas los jueces pueden apoyarse en los precedentes judiciales y en las reglas de validez de la labor hermenéutica, respetando la autonomía de la que constitucionalmente gozan[210].

73.8.- En este orden de ideas, vale la pena destacar que el razonamiento jurídico se presenta como un caso especial del razonamiento práctico, es decir, enfocado a discutir enunciados normativos sobre aquello que es prohibido, permitido u ordenado[211] pero a luz del sistema jurídico convencional, cons-

---

Asimismo, la Corte Europea ha señalado que los jueces deben indicar con suficiente claridad las razones a partir de las cuales toman sus decisiones. *Cfr.* ECHR, Case of *Hadjianstassiou v. Greece*, Judgment of 16 December 1992, para. 23.

207 Corte Interamericana de Derechos Humanos, sentencia de 21 de noviembre de 2007 caso *Chaparro Álvarez y Lapo Íñiguez vs. Ecuador.*

208 Corte Interamericana de Derechos Humanos, Sentencia de 5 de agosto de 2011, Caso *Apitz Barbera y otros ("Corte Primera de lo Contencioso Administrativo") vs. Venezuela.*

209 COLOMBIA, Corte Constitucional, sentencia T-607 de 2000.

210 Ha dicho la Corte Constitucional que "aunque la Carta Política reconoce la independencia de los jueces, no por ello sus decisiones pueden desligarse de los principios y valores constitucionales. Así las cosas, decisiones anteriores de la Corte identifican entre los criterios ordenadores de la función jurisdiccional, derivados de las dimensiones de la autonomía judicial, dos fronteras definidas: (i) El respeto al precedente jurisprudencial y (ii) La observancia de las reglas de validez de la labor hermenéutica propia de la decisión judicial." COLOMBIA, Corte Constitucional, sentencia T-1130 de 2003.

211 Señala PECZENIK al respecto: "La argumentación jurídica da respuesta a cuestiones prácticas, es decir, decide lo que uno hará o puede hacer." PECZENIK, Aleksander. *Derecho y razón*. Editorial Fontamara, México, 2000 p. 12.

titucional y legal vigente[212] y que descansa en la formulación de proposiciones y argumentos tendientes a demostrar la justificación de las premisas que constituirán el sustento de la decisión judicial[213].

73.9.- Se trata de un raciocinio que puede ser intersubjetivamente controlado por los potenciales destinatarios de la decisión, ofreciendo certeza jurídica[214], en la medida en que el Juez explicita las razones fácticas, probatorias y jurídicas que le llevan a adoptar una decisión en determinado sentido.

73.10.- Lo anterior encuentra pleno sentido cuando se entiende que los jueces tienen la obligación jurídica y política de erradicar la arbitrariedad en

---

212 ALEXY señala que se trata de un caso especial en tanto que i) se discuten cuestiones prácticas "sobre lo que hay que hacer u omitir, o sobre lo que puede ser hecho u omitido", ii) la discusión se efectúa a la luz de la pretensión de corrección y iii) por corresponder a una discusión jurídica, ésta se presenta bajo condiciones de limitación. ALEXY, Robert. *Teoría de la argumentación jurídica.* 2° edición, Centro de Estudios Políticos y Constitucionales, Madrid, 2012, p. 207.

213 Al respecto Taruffo señala: "...los juicios de valor pueden ser justificados a partir de hacer explícito el criterio de valoración utilizado, y sobre todo demostrando que, a partir de ese criterio de valoración, derivan como consecuencia lógica diversas ponderaciones específicas en el caso, lo que indica que también existe una lógica de los juicios de valor:

Ahora bien, regresando al tema de la necesaria obligación de que la motivación sea completa, podemos derivar que también los juicios de valor que el juez formula, y que por supuesto condicionan la forma en la cual toma la decisión, deben ser justificados.". TARUFFO, Michele. *Proceso y decisión. Lecciones mexicanas de Derecho Procesal.* Marcial Pons, Madrid, 2012, p. 102-103.

214 "En resumen, en una sociedad moderna la certeza jurídica cubre dos elementos diferentes (a) en el razonamiento jurídico ha de evitarse la arbitrariedad (principio del Estado de Derecho) y (b) la decisión misma, el resultado final, debe ser apropiado. De acuerdo con el punto (b), las decisiones jurídicas deben estar de acuerdo no solo con el Derecho (formal), sino que también tienen que satisfacer criterios de certeza axiológica (moral). (...) El proceso de razonamiento debe ser racional y sus resultados deben satisfacer las demandas de justicia. Además, si una decisión no es aceptable tampoco puede ser legítima - en el sentido amplio de la palabra". AARNIO, Aulis. p. 26. "La tesis de la única respuesta correcta y el principio regulativo del razonamiento jurídico". En: *Revista Doxa,* N° 8 (1990), p. 23-38, especialmente 26.

la toma de decisiones[215]-[216]; razón por la cual se encuentran en el deber de fundamentar de manera racional y razonable las posturas que asumen; más aún cuando, en la mayoría de los casos, la adopción de una decisión jurídica

---

215 "En resumen, en una sociedad moderna la certeza jurídica cubre dos elementos diferentes (a) en el razonamiento jurídico ha de evitarse la arbitrariedad (principio del Estado de Derecho) y (b) la decisión misma, el resultado final, debe ser apropiado. De acuerdo con el punto (b), las decisiones jurídicas deben estar de acuerdo no solo con el Derecho (formal), sino que también tienen que satisfacer criterios de certeza axiológica (moral). (...) El proceso de razonamiento debe ser racional y sus resultados deben satisfacer las demandas de justicia. Además, si una decisión no es aceptable tampoco puede ser legítima en el sentido amplio de la palabra". AARNIO, Aulis. p. 26. "La tesis de la única respuesta correcta y el principio regulativo del razonamiento jurídico", en *Revista Doxa*, N° 8 (1990), p. 23-38, especialmente 26.

216 "La discrecionalidad, en cuanto fenómeno con trascendencia jurídica, se concibe como un margen permitido de acción a las autoridades de cualquiera de los poderes públicos, en los eventos en que debiendo adoptar una decisión, el marco de sujeción a su actuación establecido por el ordenamiento jurídico resulta a todas luces indeterminado, correspondiéndole construir la decisión y por lo tanto, las consecuencias jurídicas de la misma, bajo consideraciones objetivas de acatamiento y respeto al orden jurídico y a sus principios estructurantes.

Conforme a este entendimiento de la discrecionalidad, sobra advertir, entonces, que en cualquier ordenamiento jurídico sustentado en la cláusula del Estado social y democrático de derecho, se debe partir de un concepto de discrecionalidad sustentado en la idea de una simple "habilitación" normativa a la autoridad para la concreción del derecho bajo escenarios de indeterminación, sustrayendo, por lo tanto, cualquier explicación del fenómeno de la artificial y peligrosa argumentación de estar vinculada su existencia a un ámbito de "libertad de selección", arbitraria, subjetiva o pasional del servidor público." SANTOFIMIO GAMBOA, Jaime Orlando. El principio de proporcionalidad. Instrumento para la reconducción objetiva de la actividad judicial en escenarios de discrecionalidad. (próximo a publicar). El presente trabajo constituye un desarrollo de la línea de investigación en materia de aplicación del principio de proporcionalidad que se inició con los estudios que sobre la materia incorporé en mi tesis doctoral titulada "El contrato de concesión de servicios públicos. Coherencia con los postulados del Estado Social y Democrático de Derecho en aras de su estructuración en función de los intereses públicos", dirigida por el Catedrático de Derecho Administrativo D. Luciano Parejo Alfonso, presentada y sustentada en el Departamento de Derecho Público del Estado de la Universidad Carlos III de Madrid (España) el 25 de febrero de 2010, la cual obtuvo la máxima calificación sobresaliente cum laude otorgada por el Tribunal respectivo.

no se sigue lógicamente de un ejercicio de subsunción de una norma en un caso concreto[217], tal como lo ha sostenido la jurisprudencia de la Sala Plena Contenciosa del Consejo de Estado, al afirmar:

"La Sala considera que la interpretación y la argumentación son imprescindibles e inescindibles en la actividad judicial.

En efecto, los jueces están conminados de manera permanente y continúa a interpretar las normas, incluso cuando se considera que una determinada disposición jurídica es clara y unívoca, pues en estos eventos el Juez, previamente, ha desarrollado un ejercicio hermenéutico para arribar a tal conclusión.

Afortunadamente, ya hace mucho tiempo que se superaron las concepciones formalistas y deductivistas de la interpretación, según las cuales la actividad judicial se limitaba a la simple verificación del derecho y a su aplicación automática a unos determinados hechos y, en consecuencia, el Juez sería simplemente "la boca que pronuncia las palabras de la ley; unos seres inanimados que no pueden moderar ni la fuerza, ni el rigor de aquella."[218]

Pretender que el Juez no desarrolle ningún ejercicio hermenéutico ni argumentativo ante una expresión legal (Como por ejemplo la incluida en el artículo 152 del C. C. A: "manifiesta infracción de las disposiciones invocadas como fundamento de la misma"), sino que aplique sin consideración alguna la disposición, es desconocer abiertamente la necesaria relación entre interpretación, argumentación, actividad judicial y el deber de los jueces de motivar sus decisiones, postulado propio de toda sociedad enmarcada en los preceptos del Estado social y democrático de derecho."[219]

---

217 Son acertadas las palabras de Larenz quien afirmó que "ya nadie puede... afirmar en serio que la aplicación de las normas jurídicas no es sino una subsunción lógica bajo premisas mayores formadas abstractamente". ALEXY, Robert. *Op. Cit*, p. 23. De esta postura es partícipe Nino quien afirmó que "la tarea de precisar los textos vagos o ambiguos, eliminar las lagunas y las contradicciones, determinar los precedentes relevantes, etc., por lo común no está guiada por reglas precisas de segundo nivel y, cuando lo está, (...) no es infrecuente que se tropiece con reglas competitivas que aportan soluciones divergentes." NINO, Carlos Santiago. *Op. Cit*, p. 293.

218 MONTESQUIEU, Charles Louis de Secondat. *Del Espíritu de las leyes*. Primera Parte, Libro XI, Capitulo 6.

219 COLOMBIA. Consejo de Estado, Sala Plena de lo Contencioso Administrativo. Auto de 22 de marzo de 2011, exp. 38924.

73.11.- Es por ello que la formulación de argumentos jurídicos consistentes pueden ser explicados a partir de un método de doble razonamiento, comoquiera que debe existir una justificación externa[220], en donde el operador proponga a la luz del ordenamiento vigente la fundamentación de las premisas mayores que empleará como referente normativo para adoptar la decisión y, luego de ello, deberá exponer una justificación interna[221], que implica la aplicación lógico deductiva de las premisas mayores a los hechos que se encuentran acreditados en un caso. Este último punto puede revestir las características propias de un razonamiento estructurado como un silogismo, por lo cual son plenamente aplicables los argumentos lógico deductivos.

73.12.- Al hilo de esta última consideración, es importante resaltar que las decisiones judiciales deben satisfacer una pretensión de corrección[222], la cual consiste en que lo decidido debe considerarse, sin más, como racionalmente fundamentado a la luz del ordenamiento jurídico vigente[223]. Su justifi-

---

220 "El objeto de la justificación externa es la fundamentación de las premisas usadas en la justificación interna. Dichas premisas pueden ser de tipos bastante distintos. Se puede distinguir: (1) reglas de Derecho positivo, (2) enunciados empíricos y (3) premisas que no son ni enunciados empíricos ni reglas de derecho positivo." ALEXY, Robert. *Teoría de la Argumentación Jurídica ... Op. Cit*, p. 222.

221 "En la justificación interna se trata de ver si la decisión se sigue lógicamente de las premisas que se aducen como fundamentación; el objeto de la justificación externa es la corrección de estas premisas. (...) Los problemas ligados con la justificación interna han sido discutidos bajo el rótulo de "silogismo jurídico"." ALEXY, Robert. *Teoría de la Argumentación Jurídica. Op. Cit*, p. 214.

222 "Las decisiones judiciales no sólo pretenden ser correctas en el esquema del orden jurídico válidamente establecido, sino también pretenden ser correctas en cuanto decisión jurídica. Una decisión judicial que aplique correctamente una ley injusta o irrazonable no satisface en todos los aspectos la pretensión de corrección que ella despierta." ALEXY, Robert. "La tesis del caso especial", *Revista Isegoría*. N° 21, 1999, p. 32.

223 "No se pretende que el enunciado jurídico sea sin más racional, sino sólo de que en el contexto de un ordenamiento jurídico vigente pueda ser racionalmente fundamentado." Teoría de la argumentación, *Op. Cit*, p. 208. Sobre este punto Aarnio sostiene: "Muy a menudo, la justificación se refiere -y tiene que referirse- a diferentes tipos de razones materiales, o bien a razones teleológicas o a razones de corrección. En la práctica, esto significa, entre otras cosas, que el derecho tiene que estar conectado con valores y valoraciones. Dicho brevemente: existe una combinación entre derecho y moral. Este mismo rasgo impone precondiciones especiales a la teoría moderna de la interpretación

cación reside en el hecho de que un ordenamiento jurídico[224], y las decisiones de sus operadores, debe aspirar a ser justos, de modo tal que si, por ejemplo, una decisión falta a esa pretensión, ello "no la priva necesariamente de su carácter de decisión judicial válida, pero la hace ser defectuosa en un sentido relevante no sólo moralmente"[225].

73.13.- Por consiguiente, siendo predicable la corrección de toda decisión judicial conforme al derecho, resulta plausible proponer y defender, pese a las dificultades epistemológicas y ontológicas, la tesis de una *"respuesta correcta"*[226]-[227] *de las decisiones en tanto ideal regulativo al cual deben aproximarse quienes*

---

jurídica." AARNIO, Aulis. *Lo racional como razonable*. Centro de Estudios Políticos y Constitucionales, Madrid, 1991, p. 15.

224 "La cuestión consiste en saber cuál concepto de derecho es correcto o adecuado. Quien desee responder esta pregunta tiene que relacionar tres elementos: el de la legalidad conforme al ordenamiento, el de la eficacia social y el de la corrección material." ALEXY, Robert. *El concepto y validez del derecho*. 2° edición, Editorial Gedisa, Barcelona, 2004, p. 21.

225 ALEXY, Robert. *Teoría de la Argumentación Jurídica … Op. Cit*, p. 209.

226 Variados son los planteamientos de la única respuesta correcta en el derecho. Para una aproximación a ello véase, entre otros: ALEXY, Robert. "Sistema jurídico, principios jurídicos y razón práctica". *Doxa*, N° 5, 1988, p. 139-151. DWORKIN, Ronald. *Los derechos en serio*. Ariel, 2° ed., Barcelona, 1989, p. 146 y siguientes. AARNIO, Aulis. "La tesis de la única respuesta correcta y el principio regulativo del razonamiento jurídico". *Doxa*, N° 8, 1990, p. 23-38. ATIENZA, Manuel. "Sobre la única respuesta correcta". *Revista Jurídicas*. Vol. 6, N° 2, Julio-Diciembre 2009, p. 13-26.

227 Sobre el particular, la jurisprudencia de la Subsección B de la Sección Tercera ha descrito algunas de las variantes teóricas de la tesis de la respuesta correcta desde una perspectiva *ius* racionalista [refiriéndose a los trabajos de Ronald Dworkin y Robert Alexy] y ha destacado su utilidad para aproximarse a la responsabilidad del Estado por error jurisdiccional. Así, reconociendo las dificultades hermenéuticas a las que se enfrentan los operadores jurídicos, la jurisprudencia ha sostenido: "Para darle sentido y justificación a una norma como el artículo 65 de la Ley 270 de 1996 que ve materializado el error judicial "a través de una providencia contraria a la ley", la concepción del derecho que mejor explica el fenómeno es el *iusnaturalismo* en su versión moderna *iusracionalista* que apuesta por la corrección de las decisiones jurídicas sobre la base de una argumentación razonada. Como es sabido, la tesis de la única respuesta correcta desarrollada por la concepción *iusracionalista* del derecho, con Dworkin a la cabeza, tiene como su variante más influyente la propuesta de Alexy sobre la respuesta correcta como idea regulativa, la que a su turno es un desarrollo de su tesis

intervienen en el debate judicial y, particularmente, el Juez, siendo la discusión y argumentación jurídica racional, razonable y ponderada la llamada a iluminar el sendero de dicha labor.

73.14.- Corolario de lo expuesto, se impone reconocer que pese a las complejidades que presupone la interpretación y aplicación del derecho, existe un claro mandato convencional y constitucional que compele a los jueces a motivar de manera suficiente sus resoluciones judiciales, en tanto concreción del acceso efectivo a la administración de justicia, las garantías judiciales y el derecho a un recurso judicial efectivo. Tal exigencia encuentra correspondencia con la idea de concebir el razonamiento jurídico como propio de las reflexiones prácticas sobre lo permitido, prohibido u ordenado por el derecho, la pretensión de corrección y el ideal regulativo de la "respuesta correcta" como insumos teóricos que informan la teoría de la decisión judicial, concebida dentro del marco jurídico de un Estado Social y Democrático de Derecho.

73.15.- Es claro, entonces, que la idea de error judicial aflora en aquellos pronunciamientos que se ubican allende a la racionalidad y la razonabilidad que el propio sistema jurídico confiere a los jueces, como correlato de su independencia y autonomía funcional.

73.16.- Se concluye, conforme al anterior contexto teórico y jurisprudencial, que para que se configure el error jurisdiccional, el demandante debe demostrar que en el caso concreto el juez no cumplió con la carga argumentativa dirigida a demostrar que su decisión se ajustaba, de manera racional, razonable y proporcional, al ordenamiento jurídico convencional, constitucional y legal y, por contera, no satisfizo la pretensión de corrección predicable de todo acto jurídico, al no aproximarse, discursivamente, hacia el ideal regulativo de la respuesta correcta. Esto implica demostrar que la posición recogida en la sentencia acusada de verdad carece de una justificación jurídicamente atendible, bien porque no ofrece una interpretación razonada de las normas jurídicas, o porque adolece de una apreciación probatoria debidamente sustentada por el juez de conocimiento.

73.17.- En síntesis, conforme a lo anterior, sólo podrá entenderse configurado el error jurisdiccional cuando se produzcan decisiones carentes de argumentación o justificación jurídicamente plausible, o que desconozcan el precedente o jurisprudencia de unificación aplicable. En otras palabras, habrá error judicial cuando la interpretación o el razonamiento jurídico expuesto como fundamentación de la decisión sea irrazonable

---

filosófica sobre moral correcta." COLOMBIA, Consejo de Estado, Sección Tercera, Subsección B, Sentencia de 22 de noviembre de 2012, exp. 24258. Reiterada en sentencias de 20 de febrero de 2014 (exp. 26990) y de 28 de mayo de 2015 (exp. 26693).

o abiertamente contrario al orden Convencional, la Constitución, la ley, los precedentes, las jurisprudencias de unificación[228]*, y los reglamentos que gobiernan la materia o excluyan situaciones fácticas o probatorias manifiestamente acreditadas en el proceso, pues, se reitera, la mera divergencia interpretativa con el criterio del fallador no constituye un error jurisdiccional, ya que debe tratarse de una verdadera falla en el servicio o función de administrar justicia y no de cualquier discordancia*[229].

b. Evolución jurisprudencial del mero error en la providencia a la admisión de hipótesis de arbitrariedad y dolo propias de las vías de hecho judicial y de las causales de procedibilidad en materia de tutela

74.- El error como vicio de las decisiones judiciales y determinante de posibles daños antijurídicos ha tenido una evolución desafortunada y con altibajos en la jurisprudencia del Corte Constitucional en la medida en que esta corporación recondujo esta vicio a las causales o razones configuradoras de las vías de hecho y de las causales de Procedibilidad de la tutela, desnaturalizando el alcance convencional del error en las decisiones judiciales y trasladando al ámbito de la actuación o comportamiento del agente judicial la configuración del daño antijurídico, cuando ni la Convención Americana de Derechos Humanos, ni la constitución política establecían este condicionamiento.

74.1.- Esta desfiguración, afortunadamente corregida en posteriores pronunciamientos, deviene directamente de la posición que al respecto la Corte Constitucional adoptó en la sentencia de revisión a la ley estatutaria de administración judicial, ley 270 de 1996, en donde sentó la tesis de que los vicios de la sentencias no pueden agotarse en el mero error, o mas propiamente en una

---

228 COLOMBIA, Consejo de Estado, Sección Tercera, sentencia de 5 de diciembre de 2007, expediente 15128. "...El error del juez no es entonces el que se traduce en una diferente interpretación de la ley a menos que sea irrazonable; es aquel que comporta el incumplimiento de sus obligaciones y deberes, sea porque no aplica la ley vigente, porque desatiende injustificadamente los precedentes jurisprudenciales o los principios que integran la materia, porque se niega injustificadamente a decir el derecho o porque no atiende los imperativos que rigen el debido proceso, entre otros...". COLOMBIA. Consejo de Estado, Sección Tercera, Subsección A, sentencia de 8 de mayo de 2020, expediente 56501.

229 COLOMBIA, Consejo de Estado, Sección Tercera, Subsección C, Sentencia del 6 de marzo de 2013, expediente 24841. COLOMBIA. Consejo de Estado. Sección Tercera, Subsección A, sentencia de 8 de mayo de 2020, expediente 51674.

simple aplicación de la preceptiva conceptual del error a la sentencia judicial. Se sostuvo que el exceso arbitrario del juez e incluso a posiciones dolosas podrían viciar la decisión y dar lugar a daño antijurídico resarcible a las víctimas[230].

74.2.- La vía de hecho en sí misma califica decisiones producto de un desconocimiento total del ordenamiento jurídico, *actos manifiestamente no susceptibles de vincularse a la aplicación de un texto legal o reglamentario*, irregularidades groseras en su formación o en su ejecución que atentaban contra el derecho fundamental de propiedad y contra las libertades esenciales. Por eso, se le califica por la doctrina *acciones y decisiones manifiestamente no susceptible de ser vinculada al ejercicio de un poder perteneciente al Estado*, es decir, decisiones, para el caso judiciales totalmente apartados del bloque de competencias, atribuciones y funciones establecidas por el ordenamiento jurídico.

74.3.- En consecuencia, el concepto de vía de hecho judicial se ubica por sus caracteres en el ámbito del desconocimiento al bloque de la legalidad formal y material, producida esta por la irregular, grosera, manifiesta y flagrante actuación de la administración que violenta los derechos, libertades y garantías en los fallos judiciales; bien porque el juez no tenía poder para proferir el fallo o desarrollar la actividad judicial o porque teniendo este poder utilizó procedimientos manifiestamente irregulares, exagerados o desbordados, groseros[231],

---

230 COLOMBIA, Corte Constitucional, Sentencia C-037 de 5 de febrero de 1996. "Por el contrario, la comisión del error jurisdiccional debe enmarcarse dentro de una actuación subjetiva, caprichosa, arbitraria y flagrantemente violatoria del debido proceso, que demuestre, sin ningún asomo de duda, que se ha desconocido el principio de que al juez le corresponde pronunciarse judicialmente de acuerdo con la naturaleza misma del proceso y las pruebas aportadas -según los criterios que establezca la ley-, y no de conformidad con su propio arbitrio. En otras palabras, considera esta Corporación que el error jurisdiccional debe enmarcarse dentro de los mismos presupuestos que la jurisprudencia, a propósito de la revisión de las acciones de tutela, ha definido como una "vía de hecho".

231 COLOMBIA, Corte Constitucional, Sentencia C-037 de 5 de febrero de 1996. "...Una actuación de la autoridad pública se torna en una vía de hecho susceptible del control constitucional de la acción de tutela cuando la conducta del agente carece de fundamento objetivo, obedece a su sola voluntad o capricho y tiene como consecuencia la vulneración de los derechos fundamentales de la persona". Carece de fundamento objetivo la actuación manifiestamente contraria a la Constitución y a la Ley. La legitimidad de las decisiones estatales depende de su fundamentación objetiva y razonable. El principio de legalidad rige el ejercicio de las funciones públicas (CP art. 121), es condición de existencia de los empleos públicos (CP art. 122) y su desconocimiento genera la responsabilidad de los servidores públicos (CP arts. 6, 90). Una decisión de la

violando, desconociendo, poniendo en peligro derechos fundamentales de los asociados o la colectividad[232].

74.4.- Vía de hecho judicial que en posteriores trabajos de la misma corte constitucional se recondujo por los senderos de las causales de procedibilidad de la tutela, generando en relación con el error judiciales evidentes contradicciones que eventualmente ponían el riesgo la plena y adecuada aplicación de la preceptiva del artículo 90 constitucional.

c. *Posición actual de la jurisprudencia contenciosa administrativa: Postulación del daño antijurídico con independencia de la configuración material de la vía de hecho o de causales de procedibilidad*

75.- La desfiguración del concepto de error como presupuesto del daño antijurídico, producido por las interpretaciones de la Corte Constitucional, fueron inicialmente adoptadas en la jurisprudencia del Consejo de Estado. Se sostuvo por esta Corporación que la *"procedencia del juicio de reparación directa por error jurisdiccional requeriría la configuración de una vía de hecho, bajo los mismos postulados previstos por la Corte Constitucional para la acción de tutela contra providencia judicial"*[233].

75.1.- Al respecto, esta vieja posición de la corporación complaciente con la jurisprudencia constitucional sostenía que "el error jurisdiccional debe enmarcarse dentro de los mismos presupuestos que la jurisprudencia, a propósito de la revisión de las acciones

---

autoridad no es constitucional solamente por el hecho de adoptarse en ejercicio de las funciones del cargo. Ella debe respetar la igualdad de todos ante la ley (CP art. 13), principio que le imprime a la actuación estatal su carácter razonable. Se trata de un verdadero límite sustancial a la discrecionalidad de los servidores públicos, quienes, en el desempeño de sus funciones, no pueden interpretar y aplicar arbitrariamente las normas, so pena de abandonar el ámbito del derecho y pasar a patrocinar simple y llanamente actuaciones de hecho contrarias al Estado de Derecho que les da su legitimidad..."

232 COLOMBIA, Corte Constitucional, Sentencia C-037 de 5 de febrero de 1996. "... La vulneración de los derechos fundamentales por parte de servidores públicos que actúan sin fundamento objetivo y razonable, y obedecen a motivaciones internas, desconoce la primacía de los derechos inalienables de la persona (CP art. 5), la protección constitucional de los derechos fundamentales (CP art. 86) y la prevalencia del derecho sustancial (CP art. 228). En caso de demostrarse su ocurrencia, el juez de tutela deberá examinar la pertenencia del acto al mundo jurídico y proceder a la defensa de los derechos fundamentales vulnerados en el curso de una vía de hecho por parte de la autoridad pública..."

233 COLOMBIA, Consejo de Estado, Sección Tercera, sentencia de 4 de septiembre de 1997, expediente 10285.

de tutela, ha definido como una vía de hecho", pues *"no puede corresponder a una simple equivocación o desacierto derivado de la libre interpretación jurídica de la que es titular todo administrador de justicia"*, pues, si así fuera, si las actuaciones del juez no obedecieran a fundamentos objetivos y razonables se desconocería la fuente constitucional de la responsabilidad del Estado consagrada en el artículo 90 de la Carta, según el cual éste debe indemnizar todo daño antijurídico que ocasione, con prescindencia de la eventual falta personal del agente que lo causa, con relación a lo cual previó que el artículo 66 de la Ley 270 de 1996, al desarrollar la disposición constitucional no incluyó como un ingrediente de la definición del error judicial la culpabilidad del funcionario que lo realiza[234].

75.2.- La tesis *"error-vía de hecho"* adquirió por aquella época inusitada trascendencia en tratándose de las decisiones judiciales de las altas cortes, en cuanto que, al negar la posibilidad de la procedencia de la responsabilidad de estas corporaciones por el error, dejó abierta la posibilidad, de que se pudieran revisar sus providencias en aquellos casos en que se presente una vía de hecho o se amenazara o vulnerara un derecho constitucional fundamental, acudiendo para estos efectos a los sustentos doctrinales y jurisprudenciales de la acción de tutela, tesis esta aceptada inicialmente en algunas providencias del Consejo de Estado[235].

75.3.- Esta tesis de manera autónoma la jurisprudencia del Consejo de Estado la fue paulatinamente abandonando a favor de una posición mucho mas coherente con los postulados convencionales y constitucionales a partir de 2007, al sostener que el error jurisdiccional que da lugar a la reparación en los términos de los artículo 90 constitucional y 66 de la ley 270 de 1996 *es todo aquel estructurado a partir de la disconformidad de la decisión del juez con el marco normativo que regula el tema de la decisión incluida la valoración probatoria que corresponda realizar*[236].

75.4.- Se destaca de esta ultima providencia, una profunda ruptura con la tesis del *"error-vía de hecho"* montado en la jurisprudencia constitucional, y el avance en torno al sendero democrático y amplio según la cual, *todo daño antijurídico e imputable al Estado es objeto de reparación, prescindiendo de la conducta del agente y sin que sea necesario que se reúnan los criterios de configuración de la vía de hecho o de las causales de Procedibilidad de la acción de tutela contra providencias judiciales.* Esto implica, que el daño antijurídico puede o no recaer sobre un derecho fundamental para que adquiera entidad resarcitoria y que el error

---

234 COLOMBIA, Consejo de Estado, Sección Tercera, sentencia de 4 de septiembre de 1997, expediente 10285.

235 COLOMBIA, Consejo de Estado, Sección Tercera, sentencia de 4 de septiembre de 1997, expediente 10.285.

236 COLOMBIA, Consejo de Estado, Sección Tercera, sentencia de 5 de diciembre de 2007, expediente 15128.

jurisdiccional - falla en el servicio, no requiere calificativos adicionales para que proceda su atribución fáctica y jurídica.

75.5.- El argumento de la Corte Constitucional, se agrega en esta providencia, al entender el error judicial como *"una actuación subjetiva, caprichosa, arbitraria y flagrantemente violatoria del debido proceso"*, refundida con argumento de vía de hecho, desconoce la fuente constitucional de la responsabilidad del Estado consagrada en el artículo 90 de la Carta, según la cual éste debe reparar todo daño antijurídico que ocasione, con prescindencia de la falta personal del agente que lo causó y de todo elemento de culpabilidad.

75.6.- En relación con la problemática del error en las providencias de las altas cortes generadoras de daños antijurídicos en esta sentencia de 2007 se dejo en claro que el Estado, a través de las acciones y omisiones de sus altas cortes, también incurre en error judicial determinante de responsabilidad patrimonial del Estado, sin la intermediación de argumentaciones fundadas en las consideraciones sustanciales de la acción de tutela, esto es, en la vía de hecho o de los requisitos de Procedibilidad[237]-[238]. Posición reiterada en sendas

237 COLOMBIA, Consejo de Estado, Sección Tercera, sentencia de 5 de diciembre de 2007, expediente 15128. "-Porque el artículo 90 de la Constitución no hace distinciones. Como se indicó precedentemente, la constitución establece que todas las autoridades que ejercen función pública, pueden determinar con sus acciones u omisiones la responsabilidad del Estado. -Porque no atenta contra el principio de seguridad jurídica. El juicio es el de la responsabilidad del Estado y no comporta la reapertura del proceso definido en la providencia cuestionada. Tiene por objeto la verificación del derecho o interés lesionado y de la imputación del mismo al Estado, con fundamento en lo cual habrá de declararse la misma y de disponerse la reparación de los perjuicios causados. El juicio de responsabilidad recae sobre la actuación del juez en ejercicio de sus funciones y sobre la configuración del daño; no comporta el renacimiento de un proceso ya terminado. Así también porque la decisión del juez contencioso administrativo no comprende la modificación o alteración de lo dispuesto en el juicio materia de la providencia acusada-. Porque las altas cortes no son infalibles. Así se deduce de la consagración legal de recursos extraordinarios y de lo expuesto por la Corte Constitucional al conocer de las tutelas contra providencias judiciales proferidas por las altas cortes.- Porque el Consejo de Estado es el tribunal supremo de lo contencioso administrativo y como corporación judicial competente para juzgar la responsabilidad del Estado, no está limitado por la investidura del juez que incurre en error judicial".

238 Sobre la responsabilidad del Estado por error jurisdiccional, la Subsección C de la Sección Tercera del Consejo de Estado ha afirmado la necesidad de valorar las circunstancias del caso en concreto y tomando en consideración que

providencias de 2012 de las subsecciones de la Sección Tercera, donde en líneas generales se concluyó que *"nada se opone a que la responsabilidad patrimonial del Estado pueda declararse con fundamento en el error jurisdiccional de las altas corporaciones de la Rama Judicial"*[239].

---

este concepto (el de error jurisdiccional) resulta independiente del concepto de vía de hecho desarrollado por la jurisprudencia constitucional. Sobre este particular la sentencia de 20 de octubre de 2014 (expediente 30751) señaló: "[E] l juicio de responsabilidad del Estado por error jurisdiccional deberá realizarse en atención a las circunstancias del caso concreto, a partir de las cuales se determinará si la actuación judicial contentiva en una providencia es contraria a la ley y por lo tanto, se produce una responsabilidad del Estado.

Por último, la Sala estima pertinente reiterar que si bien la Corte Constitucional en la sentencia de control de constitucionalidad de la Ley Estatutaria de la Administración de Justicia asimiló el concepto "error jurisdiccional" al de "vía de hecho", dicha identificación semántica resulta impropia. Así, tratándose de la responsabilidad patrimonial del Estado por error jurisdiccional únicamente será determinante la contravención al ordenamiento jurídico contenida en una providencia judicial, y no la conducta "subjetiva, caprichosa y arbitraria" del operador jurídico". COLOMBIA, Consejo de Estado, Sección Tercera, Subsección C. Sentencia de 20 de octubre de 2014, expediente 30751

239 COLOMBIA, Consejo de Estado, Sección Tercera, sentencia de 24 de mayo de 2012, expediente 24141. "La Ley 270 de 1996 no excluyen del ámbito de la responsabilidad estatal a las altas corporaciones judiciales, pues considerarlo así quebrantaría los artículos 90 y 13 constitucionales, amén del art. 230 de la carta, en cuanto, de las disposiciones en cita no se puede concluir que los daños antijurídicos ocasionados por las altas corporaciones de justicia, en razón de la autonomía de sus integrantes, no tienen que ser indemnizados (i) si se considera que todos los jueces, cualquiera que fuere su jerarquía, gozan de autonomía para resolver conforme al ordenamiento los asuntos que les fueren confiados, de donde se colige que no les está dado apartarse de las previsiones constitucionales y legales en la materia, so pena de responder administrativa, penal y patrimonialmente y (ii) los asociados no tendrían que soportar los daños provenientes de decisiones judiciales que, aunque sujetas a la ley y proferidas por las altas corporaciones de justicia, en el caso concreto comportan el desconocimiento de valores y principios constitucionales que hacen imperativo el respeto de la igualdad ante las cargas públicas y que imponen deberes claros de solidaridad. Razón por la cual esta Corporación ha fijado su posición en lo que tiene que ver con la responsabilidad de las altas corporaciones de justicia, en procura de la realización de un orden justo, para dejar sentado que ningún daño antijurídico puede ser excluido del régimen de responsabilidad estatal".

75.7.- La Subsección A encontró aplicable los postulados de la Ley 270 de 1996, frente a lo cual retomó la jurisprudencia de la Sala y reiteró que el error que podía dar lugar a la responsabilidad patrimonial del Estado no se reduce a la "vía de hecho" ni se identifica con las llamadas por la Corte Constitucional "causales de Procedibilidad", sino que puede tratarse de un defecto sustantivo, orgánico o procedimental, un defecto fáctico, un error inducido, una decisión sin motivación, un desconocimiento del precedente o una violación directa de la Constitución, *porque el error judicial que da lugar a la reparación es toda disconformidad de la decisión del juez con el marco normativo que regula el tema de la decisión, incluida la valoración probatoria que corresponda realizar*[240].

75.8.- En similar sentido la Subsección B de la Sección Tercera, al acceder a las pretensiones propuestas contra la Rama Judicial, a propósito de presunto error judicial contenido en una sentencia de la Sala de Casación Laboral de la Corte Suprema de Justicia, señaló a este respecto que, "Finalmente, es necesario que la providencia sea contraria a derecho, lo cual no supone que la víctima de un daño causado por un error jurisdiccional tenga que demostrar que la misma es constitutiva de una vía de hecho por ser abiertamente grosera, ilegal o arbitraria, o que el agente jurisdiccional actuó con culpa o dolo, ya que el régimen que fundamenta la responsabilidad extracontractual del Estado es distinto al que fundamenta el de la responsabilidad personal del funcionario judicial. Basta, en estos casos, que la providencia judicial sea contraria a la ley, bien porque surja de una inadecuada valoración de las pruebas (error de hecho), de la falta de aplicación de la norma que corresponde al caso concreto o de la indebida aplicación de la misma (error de derecho)"[241].

75.9.- La Subsección A de la Sección Tercera del Consejo de Estad en la sentencia de 8 de mayo de 2020 (expediente 51674) considera que para "la prosperidad del error judicial, la providencia debe ser contraria y/o violatoria de la ley, por lo que debe acudirse individualmente o de forma concomitante al error de derecho y/o de hecho, para efectos de controvertir la decisión de la que se alega la causación de un daño antijurídico imputable a la demandada, sin que llegue a ser necesario para tal fin que se se haya incurrido en una vía de hecho. Así, el error de derecho acaece, básicamente bajo tres modalidades: por infracción directa, interpretación errónea y por aplicación indebida. Por esta razón, el debate en este tipo de causales se circunscribe exclusivamente a una controversia jurídica. Esto supone que el discernimiento que realiza el juez de la reparación directa se encuentra al margen del caudal probatorio. Por su parte, el error de hecho se configura cuando ocurre una defectuosa apreciación

240 COLOMBIA, Consejo de Estado, Sección Tercera, Sub-sección A, sentencia de 7 de marzo de 2012, expediente 21745.

241 COLOMBIA, Consejo de Estado, Sección Tercera, Sub-sección B, sentencia de 26 de julio de 2012, expediente 22581.

de los medios de prueba y por la omisión en el decreto y/o práctica de pruebas, de ahí que la controversia bajo esta modalidad acaece por defectos de tipo probatorio/"fáctico". De aquí que la discusión del proceso de responsbilidad del Estado gire en torno a discrepancias del orden probatorio, por lo que no se discute, en estricto sentido, un aspecto de derecho [...] [A]demás de los requisitos descritos en la Ley 270 de 1996, es imperioso que el juez administrativo se cerciore que, de existir un yerro en la decisión revisada en sede del título de imputación estudiado, este sea trascendente -tenga vocación de modificar el sentido de la misma- y suficiente -destruya todos los fundamentos o la ratio decidendi del pronunciamiento- para que pueda declarar la existencia de un error jurisdiccional".

4. **Que el afectado hubiere interpuesto los recursos de ley contra la providencia lesiva incursa en el error y la misma se encuentre en firme**

76.- Este presupuesto normativo para la procedencia de la responsabilidad del Estado por error judicial deviene no solo de las construcciones y exigencias del artículo 10 de la Convención Americana de Derechos Humanos, al destacar que el fallo adecuado y pertinente para la consideración material del error judicial es aquel contenido en *"sentencia firme"*, sino también, de la estructura imperativa del artículo 67 de la ley 270 de 1996 que así lo dispone, pero además, condicionada a que la parte interesada o posible víctima del error judicial hubiere desarrollado toda una actividad de defensa plena en relación con la providencia lesiva, habiéndola impugnado, en cuanto al supuesto error se refiere, a través de los medios ordinarios posibles con el propósito de que el daño antijurídico no se llegare a configurar.

76.1.- Tanto en la convención, como en la ley, se quiere, que la posible víctima no consienta los efectos de una providencia errada para después aprovecharse de la misma para efectos de condena al Estado y de reparación de perjuicios que con su omisión consintió. El juez debe haber sido advertido de los defectos facticos y jurídicos de su providencia para que si fuere del caso adoptare los correctivos necesarios de orden procesal y sustancial, de lo contrario sería ir contra elementales parámetros de convivencia dentro de una actuación judicial, desconociendo la sustantividad de la buena fe procesal.

76.2.- Si una providencia fundada en errores sustanciales de orden factico y jurídico se deja surgir a la vida jurídica, adquiriendo firmeza[242] por la

242 COLOMBIA, Consejo de Estado, Sección Tercera, Sub-sección B, Sentencia de 26 de julio de 2012, expediente 22581."...En segundo término, la norma exige que el error se encuentre contenido en una providencia judicial que esté en firme, esto es, que haya puesto fin de manera normal o anormal al proceso, lo

omisión de la parte interesada en recurrir, o de la interposición inadecuada de los recursos pertinentes, al no haber enrostrado al juzgador los errores en que pretende soportar el daño antijurídico sufrido, no resulta ni apta, ni mucho menos adecuada convencional y legalmente para obtener un pronunciamiento de fondo en una actuación contenciosa de reparación. En la realidad de las cosas el error nacería a la vida jurídica y producirá sus efectos por culpa de la misma víctima[243].

76.3.- El Consejo de Estado, de manera reiterada en diversas providencias en las que hemos soportado este estudio ha sostenido (expediente 13.258 y 22.581): "*Efectivamente, aun cuando una decisión judicial resulte equivocada, sí ésta aún puede ser revocada o modificada, el daño no resultaría cierto, pues el error no produciría efectos jurídicos y, además, podría superarse con la intervención del superior funcional (...)*"[244].

C. EL DEBER DE CORRECCIÓN OFICIOSA DE LOS ERRORES EN LAS PROVIDENCIAS JUDICIALES

77.- Una decisión o providencia judicial, aún en firme, como lo exige el ordenamiento jurídico para efectos de la procedencia de la responsabilidad del Estado por error judicial puede ser objeto de corrección de manera oficiosa por el juzgador si advierte las fallas estructurales de orden factico y jurídico.

78.- En si misma de frente a las estructuras del Estado Social y Demo-

---

cual tiene pleno sentido ya que si la misma todavía puede ser impugnada a través de los recursos ordinarios, no se configura el error judicial..."

243 COLOMBIA, Sección Tercera, Sub-sección B, Sentencia de 26 de julio de 2012, expediente 22581. "... el primer presupuesto, la Sección Tercera de (*sic*) Consejo de Estado ha precisado, de una parte, que el error judicial solo se configura si el interesado ha ejercido los "recursos de ley" pues si no agota los medios de defensa judicial que tiene a su alcance el perjuicio sería ocasionado por su negligencia y no por el error judicial; "en estos eventos se presenta una culpa exclusiva de la víctima que excluye la responsabilidad del Estado". Y de otra parte, que los "recursos de ley" deben entenderse como "los medios ordinarios de impugnación de las providencias, es decir, aquellos que no sólo permiten el examen limitado de la decisión con el objeto de corregir los errores de toda clase, tanto de hecho como jurídicos, sino que pueden interponerse sin sujeción a las rígidas causales que operan para los extraordinarios, los que adicionalmente requieren para su trámite la presentación de una demanda...".

244 COLOMBIA, Sección Tercera, Sub-sección B, Sentencia de 26 de julio de 2012, expediente 22581.

crático de derecho que aspira a la prevalencia del derecho sustancial sobre el formal, un fallo incurso en error sustancial y evidente no puede constituirse en una barrera infranqueable para que los principios sustentadores del ordenamiento jurídico y los valores supremos de la justicia prevalezcan.

78.1.- Una decisión manifiestamente errada, de por si, frente al ordenamiento jurídico carece de fuerza vinculante y así lo debe ver siempre el juez, no solo para garantizar los derechos subjetivos y colectivos que le corresponda garantizar, sino también para evitar la configuración de daños antijurídicos vulneradores de derechos, bienes e intereses de las personas o la colectividad[245].

78.2.- En la realidad jurídica de un Estado Social y Democrático de Derecho las providencias con fuerza vinculante son aquellas proferidas en el curso de un proceso con total apego a las normas que regulan la materia y notificada a las partes, las cuales adquieren la entidad suficiente para obligar en sus términos a los sujetos procesales que en él intervienen, *sin que por manera alguna pueda ser modificada, revocada o anulada por el operador judicial a su arbitrio, so pretexto de haber cambiado de opinión respecto del tema controvertido*[246]*, se trata de una regla general que sustenta el orden jurídico y garantiza la estabilidad jurídica, esta la razón, para que en principio las decisiones judiciales en firme sean irrevocables*[247].

78.3.- En sentido contrario, y conforme a la evolución del derecho sustancial en la jurisprudencia[248]*, no ameritaran el mismo respeto y acatamiento aquellas providencias manifiestamente ilegales, contrarias al ordenamiento jurídico, incursas en vicios sustanciales facticos y jurídicos, tal como lo ha reconocido nuestra jurisprudencia, al expresar que, "no puede considerarse como vinculante si, a pesar de haber*

245 COLOMBIA. Consejo de Estado, Sección Tercera, Subsección A, sentencia de 8 de mayo de 2020, expediente 49788.

246 COLOMBIA, Consejo de Estado, Sección Tercera, Subsección C, Sentencia del 3 de junio de 2015, expediente 33049.

247 COLOMBIA, Corte Constitucional, Sentencia T- 968 de 2001.

248 *Cfr.* Corte Suprema de Justicia. Sala de Casación Civil. Sentencia de junio 28 de 1979 MP. Alberto Ospina Botero; Sentencia N° 286 del 23 de julio de 1987 MP. Héctor Gómez Uribe; Auto N° 122 del 16 de junio de 1999 MP. Carlos Esteban Jaramillo Schloss; Sentencia N° 096 del 24 de mayo de 2001 MP. Silvio Fernando Trejos Bueno, entre otras. La Corte Suprema de Justicia ha establecido por vía jurisprudencial una excepción fundada en que las providencias "manifiestamente ilegales no cobran ejecutoria y por consiguiente no atan al juez -antiprocesalismo- Jurisprudencia incorporada en Consejo de Estado. Sala de lo Contencioso Administrativo, Sección Tercera, Subsección C, Sentencia del 3 de junio de 2015. Exp. 33.049.

sido notificada a las partes en debida forma (sin que hubiere sido objeto de impugnación en la oportunidad legal), fue expedida contrariando el ordenamiento jurídico aplicable a la materia, pues el concepto de "providencia ejecutoriada" debe tomarse de manera integral, esto es, con el cabal cumplimiento de las normas que le sirven de sustento"[249] [250] [251].

78.4.- En consecuencia, la corrección de las sentencia o providencias judiciales bajo estos escenarios de estructuración negativa de las mismas, debe entenderse siempre, como un mecanismo absolutamente excepcional, con la certeza de la intensidad y magnitud del error en que está incursa la decisión y las posibles sesiones y daños que esta llamada a producir en los derechos, bienes e intereses a que la misma se refiere y siempre que la rectificación se lleve a cabo observando un término prudencial que permita establecer una relación de inmediatez entre la providencia que a la postre resulta abierta, evidente y eminentemente ilegal y aquella que tiene como propósito enmendarla[252].

78.5.- En este sentido, vale la pena entonces sostener que al juez le asiste un profundo deber de subsanación oficiosa de aquellos errores que advierta cuando está contenido en una providencia que no es la objeto de impugnación o revisión, en cuanto al juez lo vincula el ordenamiento jurídico, la legalidad sustancial y no la forma, el respeto a los derechos humanos y fundamentales y no su desconocimiento, la tutela judicial efectiva y el debido proceso judicial y no la anormalidad procesal lesiva de los derechos subjetivos y colectivos, la verdad real y no el error.

78.6.- En conclusión, la providencia ilegal no vincula al juez; Las providencias que se enmarcan en la evidente o palmaria contradicción o desconocimiento del ordenamiento jurídico, no son providencias ni por lo tanto considerasen ley del proceso y no hacen tránsito a cosa juzgada ni deben mantenerse en el ordenamiento jurídico[253]*; la providencia contraria al ordenamiento jurídico "no ata al juez ni a las partes, ni*

---

249 COLOMBIA, Consejo de Estado – Sección Segunda, Auto de 28 de septiembre de 2012, expediente 08001-23-31-000-2006-02536-01 (0254-11).

250 En esta misma línea jurisprudencial múltiples providencias, principalmente en aquellas donde el error es ostensible. Ver providencias del 23 de marzo de 1981, auto del 4 de febrero de 1981 de la Sala de Casación de la Corte Suprema de Justicia; auto del 8 de octubre de 1987, Exp. 4686 y del 10 de mayo de 1994, expediente 8237 del Consejo de Estado.

251 COLOMBIA, Consejo de Estado, Sección Tercera, Subsección C, Sentencia del 3 de junio de 2015, expediente 33.049.

252 COLOMBIA, Consejo de Estado, Sección Tercera, Subsección C, Sentencia del 3 de junio de 2015, expediente 33049.

253 COLOMBIA, Consejo de Estado, Sección Tercera, Subsección C, Sentencia del 3 de junio de 2015, expediente 33049.

causa ejecutoria"[254], corresponde a una construcción jurisprudencial, en virtud de la cual la actuación irregular del juzgador en un proceso no puede atarlo en el mismo para que siga cometiendo errores[255], y de ahí que le esté permitido proceder contra su propia providencia, incluso ejecutoriada[256].

La actuación irregular del juez, en un proceso, no puede atarlo para que siga cometiendo errores, pues el error inicial, en un proceso, no puede ser fuente de errores subsiguientes[257].

D. EXIMENTES DE RESPONSABILIDAD

79.- Por la singularidad de la responsabilidad del Estado-administración de justicia derivado de un error judicial el examen de las eximentes es reducido y complejo por las siguientes razones: (1) es complejo invocar como tal la fuerza mayor, salvo que ante la decisión judicial el juez sea impelido a adoptarla sometido por una situación irresistible, imprevisible y ajena a cualquier despliegue de acción de la administración de justicia; (2) en condiciones diferentes se presenta la invocación del hecho o culpa exclusiva de la víctima, ya que puede haber fenómenos de inducción, provocación o sujeción en los que

---

254 COLOMBIA, Consejo de Estado - Sección Primera, sentencia de 30 de agosto de 2012, expediente 11001-03-15-000-2012-00117-01 (AC) "las providencias ilegales no tienen ejecutoria por ser decisiones que pugnan con el ordenamiento jurídico, y no atan al juez ni a las partes. En ese orden de ideas, se reitera lo dicho por esta Corporación que ha sido del criterio de que los autos ejecutoriados, que se enmarcan en la evidente o palmaria ilegalidad, no se constituyen en ley del proceso ni hacen tránsito a cosa juzgada".

255 COLOMBIA, Consejo de Estado - Sección Tercera. Auto de 5 de octubre de 2000, expediente 16868.

256 COLOMBIA, Consejo de Estado - Sección Primera, sentencia del 22 de noviembre de 2012, expediente 08001-23-31-000-2012-00117-01 (AC).

257 COLOMBIA, Consejo de Estado, Sección Tercera, Subsección C, Sentencia del 3 de junio de 2015, expediente 33049. Consejo de Estado, Sala de lo Contencioso Administrativo, Sección Tercera. Sentencia de 5 de octubre de 2000. Exp.: 16868. M.P: María Elena Giraldo. "No es concebible que frente a un error judicial ostensible dentro de un proceso, no constitutivo de causal de nulidad procesal ni alegado por las partes, el juez del mismo proceso, a quo o su superior, no pueda enmendarlo de oficio. Si en la actualidad, en primer término, los errores judiciales han sido corregidos por tutela (art. 86 C. N), cuando por una vía de hecho se quebrantó un derecho constitucional fundamental, y en segundo término, han sido indemnizados los perjuicios ocasionados por haberse causado un daño antijurídico (art. 86 C.C.A), por el error judicial ¿por qué no corregir el error y evitar otro juicio, si es que hay lugar a ello?".

su intervención sea determinante para producción del daño antijurídico[258]; y, finalmente (3) resulta complejo, también, la adecuación del hecho del tercero, si la premisa de base es que de la facultad o función jurisdiccional está investido constitucional y legalmente el juez , salvo que dicha decisión se tomada por aquel a quien se le otorgan de manera tasa e inducen con una decisión a incurrir en un erro judicial [en sus dos extremos], caso por ejemplo de los laudos que profieren los tribunales de arbitramento y cuyo control se ve condicionado por un encuadramiento del asunto a unos supuestos fácticos y jurídicos alterados a los que se debe sujetar el juez contencioso administrativo, provocando la producción de un daño antijurídico en el que la intervención de aquel como tercero puede ser considerada, o simplemente negada.

80.- Como supuestos en los que cabe encuadrar las hipótesis de las eximentes se encuentran: (1) cuando se trata de aquellos de naturaleza de derecho es el juez quien interviene de manera autónoma y deliberada, por lo que debería estudiarse si su raciocinio no puede implicar la responsabilidad adjetiva del Estado; y, (2) si por el contrario tanto en los presupuestos fácticos, como en los jurídicos la persona afectada con la decisión judicial induce a una formación de la *ratio decidendi* de manera anómala, irregular y contraria se debe examinar si la culpa de víctima interviene determinantemente excluyendo cualquier contribución del juez o de la administración de justicia. Si se examina la jurisprudencia contencioso administrativa es muy limitado el tratamiento que reciben las eximentes de responsabilidad cuando se trata de la producción de daños antijurídicos por errores judiciales.

81.- Examinado el anterior elemento, queda por analizar la reparación que procede en estos eventos.

E. La reparación integral en los casos de responsabilidad del Estado por error judicial

82.- De acuerdo con la jurisprudencia de la Sección Tercera, toda "reparación, parte de la necesidad de verificar la materialización de una lesión a un bien jurídico tutelado (daño antijurídico), o una violación a un derecho que,

---

258 COLOMBIA. Consejo de Estado, Sección Tercera, Subsección A, sentencia de 8 de mayo de 2020, expediente 49788. "[…] ante el incumplimiento de los deberes de la parte demandante, no puede tenerse por acreditado el presupuesto al que, en la lógica de lo previsto en la Ley 270 de 1996, debe sujetarse el análisis del error judicial invocado en este caso, por lo que deberá confirmarse la sentencia apelada ante la presencia de un hecho exclusivo y determinante de la víctima en la producción del menoscabo reclamado". COLOMBIA. Sección Tercera, Subsección B, sentencia de 5 de mayo de 2020, expediente 42632.

consecuencialmente, implica la concreción de un daño que, igualmente, debe ser valorado como antijurídico dado el origen del mismo (una violación a un postulado normativo preponderante).

83.- Así las cosas, según lo expuesto, es posible arribar a las siguientes conclusiones lógicas: Toda violación a un derecho humano genera la obligación ineludible de reparar integralmente los daños derivados de dicho quebrantamiento. No todo daño antijurídico reparable (resarcible), tiene fundamento en una violación o desconocimiento a un derecho humano y, por lo tanto, si bien el perjuicio padecido deber ser reparado íntegramente, dicha situación no supone la adopción de medidas de justicia restaurativa.

84.- Como se aprecia, en la primera hipótesis, nos enfrentamos a una situación en la cual el operador judicial interno, dentro del marco de sus competencias, debe establecer en qué proporción puede contribuir a la reparación integral del daño sufrido, en tanto, en estos eventos, según los estándares normativos vigentes (ley 446 de 1998 y 975 de 2005), se debe procurar inicialmente por la *restitutio in integrum* (restablecimiento integral) del perjuicio y de la estructura del derecho trasgredido, para constatada la imposibilidad de efectuar la misma, abordar los medios adicionales de reparación como la indemnización, rehabilitación, satisfacción, medidas de no repetición y, adicionalmente el restablecimiento simbólico, entre otros aspectos.

85.- Debe colegirse, por lo tanto, que el principio de reparación integral, entendido éste como aquel precepto que orienta el resarcimiento de un daño, con el fin de que la persona que lo padezca sea llevada, al menos, a un punto cercano al que se encontraba antes de la ocurrencia del mismo, debe ser interpretado y aplicado de conformidad al tipo de daño producido, es decir, bien que se trate de uno derivado de la violación a un derecho humano, según el reconocimiento positivo del orden nacional e internacional, o que se refiera a la lesión de un bien o interés jurídico que no se relaciona con el sistema de derechos humanos (DDHH).

86.- En esa perspectiva, la reparación integral en el ámbito de los derechos humanos supone, no sólo el resarcimiento de los daños y perjuicios que se derivan, naturalmente, de una violación a las garantías de la persona reconocidas internacionalmente, sino que también implica la búsqueda del restablecimiento del derecho vulnerado, motivo por el cual se adoptan una serie de medidas simbólicas y conmemorativas, que no propenden por la reparación de un daño (*strictu sensu*), sino por la restitución del núcleo esencial del derecho o derechos infringidos. Por el contrario, la reparación integral que opera en relación con los daños derivados de la lesión a un bien jurídico tutelado, diferente a un derecho humano, se relaciona, específicamente, con la posibilidad de indemnizar plenamente todos los perjuicios que la conducta vulnerante ha generado, sean éstos del orden material o inmaterial.

87.- Entonces, si bien en esta sede el juez no adopta medidas simbólicas, conmemorativas, de rehabilitación, o de no repetición, dicha circunstancia, per se, no supone que no se repare íntegramente el perjuicio. Como corolario de lo anterior, para la Sala, la reparación integral propende por el restablecimiento efectivo de un daño a un determinado derecho, bien o interés jurídico y, por lo tanto, en cada caso concreto, el operador judicial de la órbita nacional deberá verificar con qué potestades y facultades cuenta para obtener el resarcimiento del perjuicio, bien a través de medidas netamente indemnizatorias o, si los supuestos fácticos lo permiten (trasgresión de derechos humanos en sus diversas categorías), a través de la adopción de diferentes medidas o disposiciones"[259].

87.1.- Así mismo, en su momento la jurisprudencia de la Sección Tercera consideró que la "reparación integral en el ámbito de los derechos humanos implica no sólo el resarcimiento de los daños y perjuicios que se derivan de una violación a las garantías de la persona reconocidas internacionalmente, sino que también supone la búsqueda del restablecimiento del derecho vulnerado, motivo por el cual era posible la implementación de una serie de medidas simbólicas y conmemorativas, que no propenden por la reparación de un daño (*strictu sensu*), sino por la restitución del núcleo esencial del derecho o derechos vulnerados. Por el contrario, la reparación integral que opera en relación con los daños derivados de la lesión a un bien jurídico tutelado, diferente a un derecho humano, se relaciona específicamente con la posibilidad de indemnizar plenamente todos los perjuicios que la conducta vulnerante ha generado, sean éstos del orden material o inmaterial. Entonces, si bien en esta sede el juez no adopta medidas simbólicas, conmemorativas de rehabilitación, o de no repetición, ello no implica en manera alguna que no se repare íntegramente el perjuicio"[260].

---

259 COLOMBIA, Consejo de Estado, Sección Tercera, Sentencia de 19 de octubre de 2007, expediente 29273 A. Ver de la Corte Permanente de Justicia Internacional, caso *Factory of Chorzów*, Merits, 1928, Series A, N° 17, p. 47. Citada por CRAWFORD, James "Los artículos de la Comisión de Derecho Internacional sobre Responsabilidad Internacional del Estado", Ed. Dykinson, p. 245; Corte Interamericana de Derechos Humanos - Caso de la *Masacre de Puerto Bello (vs) Colombia*, sentencia de 31 de enero de 2006; de la Corte Constitucional Sentencia T-563 de 2005. En igual sentido T- 227 de 1997, T-1094 de 2004 y T-175 de 2005. Corte Constitucional, sentencia T-188 de 2007.

260 COLOMBIA, Consejo de Estado, Sección Tercera, Sentencias de 8 de junio de 2011, expedientes 19972 y 19973.

87.2.- Acogiendo la jurisprudencia de la Sección Tercera que incorpora a nuestro ordenamiento jurídico el concepto de reparación integral y las denominadas "medidas de reparación no pecuniarias", se ordenará, con el objeto de responder al "principio de indemnidad" y a la "*restitutio in integrum*", y bajo el amparo del artículo 16 de la ley 446 de 1998, que se cumpla medidas de reparación no pecuniarias que se encaminen por ejemplo a restablecer (1) el derecho al buen nombre e honra; (2) al libre desarrollo de la personalidad; (3) a la dignidad humana, cuando por una decisión judicial se afecta de manera grave y sustancial esferas de derechos de las personas que no poder resarcidos solamente con una compensación económica, sino que exigen una restauración un mínimo en su ejercicio. Como ejemplo cabe citar la sentencia de la Sub-sección C, de la Sección Tercera del Consejo de Estado de 19 de noviembre de 2012, en el que un ciudadano fue vinculado a un proceso judicial y la información fue liberada a medios de comunicación que lo sindicaron por este tipo de decisiones judiciales como miembro de un grupo u organización de narcotraficantes, y en la que se solicitó como medidas de reparación no pecuniarias: "en atención a las violaciones a los derechos al buen nombre y honra, como derechos humanos, se recomendará, si lo considera pertinente, que el Estado solicite ante la Defensoría del Pueblo que se elabore un informe acerca de los hechos materia de esta sentencia, que deberá ser publicado en un período de sesenta (60) días, contados desde la ejecutoria de esta sentencia, en un medio de comunicación nacional, con presencia de los demandantes; 2) se ordenará al Director General de la Policía Nacional que dentro de los treinta (30) días siguientes a la ejecutoria de la sentencia, realice personalmente un acto público de desagravio y rectificación de las informaciones que la Institución manejó y proporcionó indebida y falsamente en contra de los demandantes y de su familia, con presencia de estos y de sus familiares. Dicho acto deberá ser transmitido por todos los canales institucionales (televisivo, radio, internet, redes sociales, etc.) de las entidades demandadas; 3) la presente sentencia en su parte resolutiva deberá ser puesta disposición de los miembros de las entidades demandadas por todos los canales de información (página web, redes sociales e instrumentos físicos), por un período de un año (1) contado desde la fecha de su ejecutoria".

IV.
La responsabilidad del Estado-Administración de Justicia por defectuoso funcionamiento de la Administración de Justicia

88.- El Defectuoso Funcionamiento de la Administración de Justicia como configurador de daño antijurídico imputable al Estado constituye una descripción objetiva de una situación anormal de la tutela judicial efectiva incorporada de manera autónoma artículo 69 de ley 267 de 1996 especificando que es aquel que se configura a partir del daño antijurídico que hubiere sufrido un sujeto como consecuencia del ejercicio de la función judicial del Estado, en hipótesis diferentes a las de privación injusta de la libertad y error judicial, y que da lugar a imputación y por lo tanto a la consecuente reparación.

A. El daño antijurídico en los casos de responsabilidad del Estado por defectuoso funcionamiento de la Administración de Justicia

89.- En los términos y condiciones del artículo 90 constitucional y en concordancia con lo preceptuado en las en el artículo 69 de la ley 270 de 1996 el daño antijurídico en tratándose del Defectuoso Funcionamiento de la Administración de Justicia, ha de entenderse como la lesión definitiva cierta, presente o futura, determinada o determinable[261], anormal[262] a un derecho[263] o a un interés jurídicamente tutelado de una persona (v.gr. en un bien mueble o

261 COLOMBIA, Consejo de Estado, Sección Tercera, sentencia de 19 de mayo de 2005, expediente 2001-01541 AG.

262 COLOMBIA, Consejo de Estado, Sección Tercera, sentencia de 14 de septiembre de 2000, expediente 12166. "por haber excedido los inconvenientes inherentes al funcionamiento del servicio".

263 COLOMBIA, Sección Tercera, sentencia de 2 de junio de 2005, expediente 1999-02382 AG.

inmueble, en el patrimonio económico[264], en el ejercicio del derecho de propiedad o de otros derechos, etc.), configurado a partir del ejercicio de la función judicial del Estado, en hipótesis diferentes a las de privación injusta de la libertad y error judicial y que la víctima no está en el deber de soportar[265].

89.1.- Bajo estas consideraciones, el daño antijurídico en las hipótesis de defectuoso funcionamiento de la administración de justicia, tiene carácter residual, deviniendo en consecuencia el mismo, no de una providencia judicial viciada por error, tal como se estableció en los numerales anteriores, o de una privación injusta de la libertad que de una u otra manera involucra decisiones judiciales, sino, y en esto radica su carácter residual, de todas aquellas conductas del aparato judicial abiertamente contrarias a derecho que resulten ser escandalosas y contrarias al ordenamiento jurídico generadoras de daños y perjuicios materiales y morales[266] que la víctima de las mismas no está llamada a soportar.

89.2.- Se configura, en consecuencia en las demás actuaciones judiciales necesarias para adelantar el proceso o la ejecución de las providencias judiciales y diferentes a estas. En otras palabras, cuando la lesión se haya producido en el giro o tráfico jurisdiccional, entendido éste como el conjunto de las acciones u omisiones propias de lo que es la función de juzgar y hacer ejecutar lo juzgado, que pueden provenir no sólo de los funcionarios, sino también de los particulares investidos de facultades jurisdiccionales, de los empleados judiciales, de los agentes y de los auxiliares judiciales[267].

---

264 COLOMBIA. Consejo de Estado, Sección Tercera, Subsección B, sentencia de 3 de agosto de 2020, expediente 42517.

265 Cabe advertir, que la Carta Política de 1991 introduce el concepto de daño antijurídico, cuya delimitación pretoriana no ha sido completa, y ha suscitado confusiones, especialmente con el concepto de daño especial, al entender que la carga no soportable es asimilable a la ruptura del equilibrio de las cargas públicas, lo que no puede admitirse y debe llevar a reflexionar a la jurisprudencia y a la academia de la necesidad de precisar el contenido y alcance del daño antijurídico, que sin duda alguna se enriquece desde una visión casuística.

266 COLOMBIA, Consejo de Estado, Sección Tercera, Sentencia del 1° de octubre de 1992, expediente: 7058. Sentencia del 13 de agosto de 1993, expediente: 7869 y sentencia de 18 de septiembre de 1997, expediente: 12686.

267 COLOMBIA, Consejo de Estado, Sección Tercera, Sentencia del 22 de noviembre de 2001, expediente: 31164. En este sentido véanse también las Sentencias del 16 de febrero de 2006, expediente: 14307 y de 15 de abril de 2010, expediente: 17507.

89.3.- El daño para configurarse en antijurídico debe ser realmente sustancial, significativo y no devenir de la simple equivocación conceptual en la que pueda incurrir el juzgador. En resumen, en la responsabilidad por el funcionamiento anormal de la administración de Justicia habrán de incluirse las actuaciones que, no consistiendo en resoluciones judiciales erróneas, ni privaciones injustas de la libertad, tienen lugar en el ámbito propio de la actividad necesaria para juzgar y hacer ejecutar lo juzgado o para garantizar jurisdiccionalmente algún derecho[268].

B. EL RÉGIMEN JURÍDICO DE LA IMPUTACIÓN EN LOS CASOS DE RESPONSABILIDAD DEL ESTADO POR DEFECTUOSO FUNCIONAMIENTO DE LA ADMINISTRACIÓN JUSTICIA[269]

90.- Siendo esto así, se exige inicialmente precisar qué puede considerarse como funcionamiento normal, que ciertos sectores doctrinales entienden simplemente fundado en el "derecho a la tutela judicial efectiva", el cual está integrado "por el derecho al proceso, el derecho a que éste se desarrolle según los parámetros constitucionales y el derecho al aseguramiento del bien o derecho en litigio"[270]. Lo que lleva a considerar la ocurrencia de funcionamiento anormal o defectuoso al configurarse actuaciones materiales que representan "infracciones graves de las normas procesales que la jurisdicción ha de emplear para decidir"[271], o para ejecutar lo decidido.

90.1.- En los precedentes constitucionales se ofrecen criterios para determinar el alcance y contenido del derecho a la tutela judicial efectiva a partir

---

268 COLOMBIA, Consejo de Estado, Sección Tercera, Sentencia del 22 de noviembre de 2001, expediente: 31164. En este sentido véase también la Sentencia de 10 de mayo de 2001, expediente: 12719.

269 COLOMBIA, Consejo de Estado, Sección Tercera, expediente 16703. Exp. 22250 - 2012 //16703-2011//19227-2011//28340-2014 //27246-2014. COLOMBIA. Consejo de Estado, Sección Tercera, Subsección B, sentencia de 3 de agosto de 2020, expediente 47904. COLOMBIA. Consejo de Estado, Sección Tercera, Subsección B, sentencia de 6 de julio de 2020, expediente 43027.

270 GONZÁLEZ ALONSO, Augusto. *Responsabilidad patrimonial del Estado en la administración de justicia. Funcionamiento anormal, error judicial y prisión preventiva*. Valencia, Tirant lo Blanch, 2008, p. 57.

271 GONZÁLEZ ALONSO, Augusto. *Responsabilidad patrimonial del Estado en la administración de justicia. Funcionamiento anormal, error judicial y prisión preventiva, ob. cit.*, p. 58.

del cual se puede delimitar lo que pueda entenderse como funcionamiento anormal o defectuoso de la administración de justicia[272]-[273]-[274]-[275]-[276].

---

272 Corte Constitucional, sentencia de C-318 de 1998. "El derecho a una tutela judicial efectiva, apareja, entre otras cosas, la posibilidad de acceder en condiciones de igualdad y sin obstáculos o barreras desproporcionadas, a un juez o tribunal independiente e imparcial, frente al cual se pueda acometer, libremente, la plena defensa los derechos o intereses propios a fin de obtener, dentro de un plazo razonable, la debida protección del Estado. Es un derecho de naturaleza prestacional, pues exige la puesta en obra del aparato estatal con miras a su realización. En este sentido, debe afirmarse que se trata de un derecho de configuración legal y, en consecuencia, depende, para su plena realización, de que el legislador defina los cauces que permitan su ejercicio"

273 COLOMBIA, Corte Constitucional, sentencia C-1043/2000. "Debe tenerse en cuenta que, tal como lo ha expresado la Corte, "... si bien la tutela judicial efectiva se define como un derecho fundamental de aplicación inmediata, esta última característica es predicable básicamente de su contenido o núcleo esencial, ya que el diseño de las condiciones de acceso y la fijación de los requisitos para su pleno ejercicio corresponde establecerlos al legislador, "en razón de que no se agotan en si (*sic*) mismas, sino que con ellas trasciende la idea, por demás general, impersonal y abstracta, de realización de justicia".

274 COLOMBIA, Corte Constitucional, sentencia C-207 de 2003.

275 COLOMBIA, Corte Constitucional, sentencia T-424 de 2004. "(...) la tutela judicial que el Estado está en el deber de garantizar a las personas vinculadas a la decisión es un derecho fundamental que demanda actuaciones ciertas, reales, y de claro compromiso institucional, de parte de las autoridades y de los particulares, enmarcadas dentro del postulado constitucional de la buena fe y el deber de respeto de los derechos ajenos y no abuso de los propios".

276 COLOMBIA, Corte Constitucional, sentencia T-247 de 2007. "El derecho a la tutela judicial efectiva comprende no solo la posibilidad que se reconoce a las personas, naturales o jurídicas, de demandar justicia ante las autoridades judiciales del Estado, sino, también, la obligación correlativa de éstas, de promover e impulsar las condiciones para que el acceso de los particulares a dicho servicio público sea real y efectivo. Así, ha dicho la Corte que "[n]o existe duda que cuando el artículo 229 Superior ordena 'garantiza[r] el derecho de toda persona para acceder a la administración de justicia', está adoptando, como imperativo constitucional del citado derecho su efectividad, el cual comporta el compromiso estatal de lograr, en forma real y no meramente nominal, que a través de las actuaciones judiciales se restablezca el orden jurídico y se protejan las garantías personales que se estiman violadas." De este modo, el derecho de Acceso a la Administración de Justicia permite alentar a las personas la expectativa de que el proceso culmine con una decisión que resuelva de fondo las pretensiones. Para ello es necesario que el juez adopte

90.2.- Sin desconocer lo anterior, puede sostenerse adicionalmente que se configura también un "mal funcionamiento del servicio público de la justicia" como consecuencia de la negligencia de los empleados judiciales. Se trata de encuadrar la responsabilidad en relación con los "actos que cumplen los jueces en orden de (sic) definir cada proceso, los que no requieren de más que de la prudencia administrativa"[277].

90.3.- En la evolución de la jurisprudencia contenciosa administrativa, se vino a hablar del defectuoso funcionamiento de la administración de justicia como aquel que constituye una falla del servicio[278], por "mal servicio administrativo"[279]. Su configuración precisa de excluir que no se trate de un acto jurisdiccional [propiamente], sino que sea, por ejemplo, un acto administrativo que implica que no hubo una revisión meticulosa por parte del despacho judicial a los elementos y actos de ejecución que permitan el impulso y desarrollo de la obligación de impartir justicia[280].

90.4.- Antes de 1991 se distinguía entre la falla del servicio judicial, del error judicial, donde el primero de estos "se asimiló a las actuaciones administrativas de la jurisdicción"[281]. De acuerdo con esta definición, se encuadraron como supuestos de fallas del servicio judicial[282]: i) la sustracción de títulos valores, ii) la falsificación de oficios[283], iii) el hecho omisivo "consistente en

---

las medidas de saneamiento que sean necesarias para subsanar los vicios que puedan impedir una decisión de fondo"

277 COLOMBIA, Consejo de Estado, Sentencia de 10 de noviembre de 1967, expediente 867.

278 COLOMBIA, Consejo de Estado, Sección Tercera, Sentencia de 4 de septiembre de 1997, expediente 10285.

279 COLOMBIA, Consejo de Estado, Sección Tercera, Sentencia de 24 de agosto de 1990, expediente 5451.

280 COLOMBIA, Consejo de Estado, Sección Tercera, Sentencia de 4 de septiembre de 1997, expediente 10285.

281 COLOMBIA, Consejo de Estado, Sección Tercera, Sentencia de 10 de mayo de 2001, expediente 12719.

282 En el derecho comparado el funcionamiento anormal procede de actuaciones materiales, normalmente dilaciones indebidas, pero también por omisiones de fases, trámites o etapas procesales que impiden el recto enjuiciamiento de los asuntos. Son ejemplos típicos de funcionamiento anormal: las dilaciones indebidas, la desaparición de dinero, joyas, documentos u otras pruebas de convicción, sustracción de las mismas". GONZÁLEZ ALONSO, Augusto. *Responsabilidad patrimonial del Estado en la administración de justicia. Funcionamiento anormal, error judicial y prisión preventiva, ob. cit.*, p. 58.

283 CONSEJO DE ESTADO, Consejo de Estado, Sección Tercera, Sentencia de 10 de mayo de 2001, expediente 12719. Puede verse el precedente sentencia de 24 de mayo de 1990, Exp. 5451.

la falla administrativa cometida por el secretario del Juzgado" de no haber dado a conocer al demandante la existencia de la apertura de un proceso de quiebra[284] [que afectó un remate que se iba a realizar], iv) error en un aviso de remate que lleva a declararlo sin valor[285], v) prevalencia del embargo y secuestro respecto de bienes que ya habían sido objeto de esas medidas en otro proceso ejecutivo[286], vi) las omisiones del juzgado al no exigir al secuestre prestar la caución[287], vii) actuación secretarial que llevó a que una diligencia de remate se hubiera tenido que declarar sin valor[288].

90.5.- De acuerdo con lo sustentado, la responsabilidad por funcionamiento anormal o defectuoso de la administración de justicia "se produce en las demás actuaciones judiciales necesarias para el (sic) realizar el juzgamiento o la ejecución de las decisiones judiciales"[289], la cual entre otras motivaciones podríamos encajarla en la tesis de la falla probada en el servicio[290], pero que

---

284 CONSEJO DE ESTADO, Consejo de Estado, Sección Tercera, Sentencia de 12 de septiembre de 1996, expediente 11092.

285 COLOMBIA, Consejo de Estado, Sección Tercera, Sentencia de 10 de mayo de 2001, expediente 12719. La actuación fallida está relacionada con "una actuación necesaria para la aplicación de la decisión judicial previa: la que ordenó el remate".

286 COLOMBIA, Consejo de Estado, Sección Tercera, Sentencia de 22 de noviembre de 2001, expediente 13164.

287 COLOMBIA, Consejo de Estado, Sección Tercera, Sentencia de 22 de noviembre de 2001, expediente 13164.

288 COLOMBIA, Consejo de Estado, Sección Tercera, Sentencia de 11 de agosto de 2010, expediente 17301.

289 COLOMBIA, Consejo de Estado, Sección Tercera, Sentencia de 10 de mayo de 2001, expediente 12719. Lo que se ratifica en el precedente afirmando que la responsabilidad del Estado puede surgir también "cuando tales daños son producidos en desarrollo de la función judicial, o por el acto judicial mismo o por los hechos, omisiones o excesos en el desarrollo judicial". Sentencia de 13 de septiembre de 2001, Exp. 12915. Así mismo, se sostiene en el precedente que la responsabilidad por el funcionamiento anormal de la administración de justicia incluye las actuaciones "que… efectúen en el ámbito propio de la actividad necesaria para juzgar y hacer ejecutar lo juzgado o para garantizar jurisdiccionalmente algún derecho". Sentencia de 22 de noviembre de 2001, Expediente: 13164. Recientemente el precedente de la Sala hace referencia a hechos o simples trámites secretariales o administrativos. Sentencia de 11 de agosto de 2010, Expediente: 17301.

290 COLOMBIA, Consejo de Estado, Sección Tercera, Sentencia de 10 de mayo de 2001, expediente 12719. Lo que se ratifica en el precedente afirmando que

nada impide a la luz de la evolución de la jurisprudencia sobre imputación pueda tener otro tipo de motivación objetiva, subjetiva o incluso explicarse por la vía de la imputación objetiva o normativa[291].

90.6.- En materia de responsabilidad del Estado por estos hechos, la jurisprudencia de la Sección Tercera[292] identificó inicialmente los títulos jurídicos de imputación por los daños causados por la Administración de Justicia con fundamento en la cláusula general de responsabilidad consagrada en el artículo 90 de la Constitución Política[293].

---

la responsabilidad del Estado puede surgir también "cuando tales daños son producidos en desarrollo de la función judicial, o por el acto judicial mismo o por los hechos, omisiones o excesos en el desarrollo judicial". Sentencia de 13 de septiembre de 2001, Exp. 12915. Así mismo, se sostiene en el precedente que la responsabilidad por el funcionamiento anormal de la administración de justicia incluye las actuaciones "que... efectúen en el ámbito propio de la actividad necesaria para juzgar y hacer ejecutar lo juzgado o para garantizar jurisdiccionalmente algún derecho". Sentencia de 22 de noviembre de 2001, Exp. 13164. Recientemente el precedente de la Sala hace referencia a hechos o simples trámites secretariales o administrativos. Sentencia de 11 der agosto de 2010, Expediente: 17301.

291 COLOMBIA, Consejo de Estado, Sección Tercera, Sentencia de 22 de noviembre de 2001, expediente 13164. "(...) todas las acciones u omisiones que se presenten con ocasión del ejercicio de la función de impartir justicia en que incurran no sólo los funcionarios sino también los particulares investidos de facultades jurisdiccionales, los empleados judiciales, los agentes y los auxiliares judiciales". En el derecho comparado se afirma que "se trata de un funcionamiento anormal debido a la actividad de los juzgados y tribunales, tanto de los propios jueces y magistrados en el ejercicio de su actividad jurisdiccional como de la oficina judicial a través de los secretarios judiciales que la dirigen y el resto de personal al servicio de la Administración de Justicia". GONZÁLEZ ALONSO, Augusto. *Responsabilidad patrimonial del Estado en la administración de justicia. Funcionamiento anormal, error judicial y prisión preventiva, ob. cit.*, p. 57.

292 COLOMBIA, Consejo de Estado, Sección Tercera, Sentencia del 22 de noviembre de 2001, expediente 13164. CP Ricardo Hoyos Duque.

293 COLOMBIA, Consejo de Estado, Sección Tercera, Sentencia del 3 de febrero de 2010. "En el nuevo orden constitucional el derecho a una pronta justicia tiene el rango de mandato superior. En efecto, el artículo 29 de la Constitución de 1991 establece como garantía del debido proceso, el trámite sin dilaciones injustificadas y el 228 *ibídem* consagra los principios de celeridad y eficacia en la actuación judicial, al disponer que 'los términos procesales se observarán con diligencia y su incumplimiento será sancionado'. Por su parte, el artículo 8 de

90.7.- Es así como consideró que el error judicial se configuraba ante las falencias en que incurrieran los jueces en las providencias judiciales, mientras que el defectuoso funcionamiento de la Administración de Justicia[294] se materializaba cuando la responsabilidad no derivaba de una providencia judicial, sino de las demás actuaciones judiciales necesarias para adelantar el proceso o la ejecución como tal de las providencias proferidas por los jueces o la ejecución de las mismas[295]. En sentencia del 22 de noviembre de 2001 la Sala, con apoyo en la doctrina, diferenció claramente el error judicial del defectuoso funcionamiento de la Administración de Justicia[296].

---

la Convención Americana de Derechos Humanos reconoce esa garantía como elemento básico del debido proceso legal, aplicable a todos los procesos judiciales y aunque en el artículo 8 del Pacto Internacional de Derechos Civiles y Políticos fue reconocido concretamente el derecho del acusado de delito 'a ser juzgado sin dilaciones indebidas', la jurisprudencia del Comité de Derechos Humanos considera que dicha garantía es aplicable a procesos de otra índole (...) Por su parte, el Tribunal Europeo de los Derechos del Hombre al interpretar el artículo 6, número 1 de la Convención Europea para la Protección de los Derechos Humanos y de las Libertades Fundamentales ha considerado que el 'carácter razonable de la duración de un procedimiento debe apreciarse según las circunstancias de cada caso y teniendo en cuenta fundamentalmente ´la complejidad del asunto, el comportamiento del recurrente y la forma en que el asunto haya sido llevado por las autoridades administrativas y judiciales'. Ese mismo Tribunal ha precisado que no existe dilación indebida por el mero incumplimiento de los plazos procesales legalmente establecidos, esto es, que no se ha constitucionalizado el derecho a los plazos sino que la Constitución consagra el derecho de toda persona a que su causa se resuelva en un tiempo razonable".

294 Sobre el tema pueden consultarse las sentencias proferidas por la Sección Tercera-Subsección C el 22 de junio de 2011. Expedientes 19.227 y 19.157. CP Jaime Orlando Santofimio Gamboa.

295 COLOMBIA, Consejo de Estado, Sección Tercera, Sentencia del 10 de mayo de 2001. expediente 12719.

296 COLOMBIA, Consejo Estado, Sección Tercera, Sentencia del 22 de noviembre de 2001, expediente 13164. "...nos encontramos en el dominio de la responsabilidad por funcionamiento anormal de la Administración de Justicia, siempre y cuando la lesión se haya producido en el 'giro o tráfico jurisdiccional', entendido éste como el conjunto de las actuaciones propias de lo que es la función de juzgar y hacer ejecutar lo juzgado (excluidas las actuaciones de interpretar y aplicar el Derecho plasmadas en una resolución judicial que, como se acaba de indicar, caerán en el ámbito del error judicial); a sensu contrario, no entrarían en este concepto aqué-

90.8.- En la jurisprudencia reciente de la Sub-sección B el defectuoso funcionamiento de la administración de justicia se configura en los eventos de "retardo injustificado en la toma de decisiones judiciales"[297], partiendo

---

llas actividades que produjesen un daño -incluso si éste fuese identificado plenamente como achacable a la actuación de un Juez o Magistrado- si su actuación no se hubiese realizado en el mencionado 'giro o tráfico jurisdiccional', sino en otro tipo de actuaciones distintas. En definitiva, en el régimen establecido para la responsabilidad por el funcionamiento anormal de la Administración de Justicia habrán de incluirse las actuaciones que, no consistiendo en resoluciones judiciales erróneas, se efectúen en el ámbito propio de la actividad necesaria para juzgar y hacer ejecutar lo juzgado o para garantizar jurisdiccionalmente algún derecho (Nota original de la sentencia citada: Cobreros Mendazona, Eduardo. *La responsabilidad del Estado derivada del funcionamiento anormal de la Administración de Justicia*. Cuadernos Civitas. Madrid. 1998, p. 25).

297 COLOMBIA, Consejo de Estado, Sección Tercera, Subsección B, sentencia de 5 de marzo de 2015, expediente 28955. "En relación con el defectuoso funcionamiento de la administración de justicia por el retardo injustificado en la toma de decisiones judiciales, se debe recordar que la Constitución Política establece el derecho a una pronta y cumplida justicia en el artículo 29, como una garan-tía propia del debido proceso que se concreta en el trámite sin dilaciones injustificadas. En igual sentido, el artículo 228 constitucional dispone que "los términos procesales se observarán con diligencia" y que "su incumplimiento será sancionado", con lo cual eleva a rango constitucional los principios de celeridad y eficacia en la actuación judicial. (...) Así mismo, la Convención Americana sobre Derechos Humanos, aprobada en Colombia mediante la Ley 16 de 1972, consagra que toda tiene persona tiene derecho a ser oída, con las debidas garantías y en un plazo razonable, por un tribunal competente, independiente e imparcial, establecido con anterioridad, en la sustanciación de cualquier acusación penal formulada contra ella, o para la determinación de sus derechos y obligaciones de orden civil, laboral, fiscal o de cualquier otro carácter.(...) En el orden legal, la Ley 270 de 1996 desarrolla la responsabilidad de la administración por error jurisdiccional, defectuoso funcionamiento de la administración de justicia y privación injusta de la libertad. La Ley Estatutaria estableció esta modalidad de responsabilidad como residual, con fundamento en la cual deben ser decididos los supuestos de daño antijurídico sufridos a consecuencia de la función jurisdiccional, que no constituyen error jurisdiccional o privación de la libertad, por no provenir de una decisión judicial. Sobre esta distinción.(...) En vigencia de la Constitución de 1991, la Sala ha reconocido el derecho a la indemnización por fallas en la administración de justicia y, en particular, por la dilación injustificada en la adopción de decisiones,

de la base que la Constitución Política fija como prerrogativa el derecho "a un pronta y cumplida justicia", en los términos del artículo 29. Se trata unos supuestos cuyas raíces convencionales son profundas ya que se sustenta en dos conceptos centrales: (1) plazo razonable y, (2) recurso judicial efectivo.

C. LA REPARACIÓN INTEGRAL EN LOS CASOS DE RESPONSABILIDAD DEL ESTADO POR DEFECTUOSO FUNCIONAMIENTO

91.- Como ya se advirtió en páginas precedentes, la víctima debe ser reparada integralmente de los perjuicios que le han sido irrogados.

91.1.- En cuanto a los perjuicios morales, se precisa que el supuesto de responsabilidad por defectuoso funcionamiento de la administración de justicia no quedó comprendido dentro de las providencias de unificación de perjuicios inmateriales dictadas por el Pleno de la Sección Tercera del Consejo de Estado el 28 de agosto de 2014. Sin embargo, es claro que se requiere de una acreditación plena y comprobada de los hechos generadores de dicho perjuicio moral, esto es, el sufrimiento, congoja, desasosiego, aflicción y/o tristeza, por cuanto en manera alguna la jurisprudencia de la Corporación ha afirmado su inferencia vía indiciaria o su presunción[298].

91.2.- Igualmente, es dable reconocer la existencia de perjuicios materiales en esta materia, caso en el cual deberá satisfacerse, mediante las pruebas pertinentes, conducentes y útiles, la acreditación de las circunstancias específicas de causación y cuantificación de estos perjuicios, advirtiendo que com-

---

cuando este retardo causa daño a las partes o a terceros. En relación con los parámetros para establecer si el retardo de una decisión judicial está justificada o no, ha dicho que se debe observar la complejidad del asunto, la conducta de las partes, el volumen de trabajo del despacho y los estándares de funcionamiento".

298 "Sin embargo, en el sub examen, ocurre que la Cooperativa no demostró la existencia de los hechos en los que sustentó en su demanda el perjuicio moral que alegó, como quiera que no obra prueba en el expediente de la afectación de su buen nombre comercial o Good will, que incluso revisado el dictamen pericial, los peritos se abstuvieron de emitir concepto respecto a estos perjuicios solicitados, ya que de las pruebas aportadas no se constató su afectación, y dentro de todo el acervo probatorio no existen los medios de convicción que permitan su demostración y cuantía. Por lo tanto, la Sala no reconocerán los perjuicios morales solicitados." COLOMBIA, Consejo de Estado, Sala de lo Contencioso Administrativo, Sección Tercera, Subsección C. Sentencia de 22 de junio de 2011, expediente 16703.

prende tanto el lucro cesante[299] como el daño emergente[300]. Sin embargo, como se trata de un supuesto en el que no se trata de una afectación materialmente determinable [*v.gr.*, la muerte, las lesiones de una persona, el deterioro de un bien], se restringe la posibilidad de reconocer los perjuicios morales de no lograr demostrarlo, ya que no procede la presunción de aflicción de manera simple como en otros eventos[301].

91.3.- Todo lo anterior sin perjuicio de que el Juez Contencioso Administrativo, atendiendo a las circunstancias particulares del caso, acceda a reconocer medidas (pecuniarias o no pecuniarias) por afectación relevante de bienes y derechos convencional y constitucionalmente amparados, conforme a lo establecido en la sentencia de 28 de agosto de 2014 (exp. 26251) del Pleno de Sección Tercera.

D. EXIMENTES DE RESPONSABILIDAD

92.- Como se tuvo oportunidad de señalar para el caso del error judicial, el defectuoso funcionamiento de la administración de justicia como fundamento de imputación de la responsabilidad del Estado es complejo analizar a partir de las causales o eximentes tradicionales. De ahí que lo primero a determinar es si estamos ante un "buen funcionamiento" de la administración

---

299 Es el artículo 1614 del Código Civil el que establece la disposición normativa respecto de la indemnización de perjuicios materiales a título de lucro cesante, ubicado dentro del Libro IV del Código relativo a las obligaciones y los contratos. En dicho artículo el Código define el lucro cesante como "la ganancia o provecho que deja de reportarse a consecuencia de no haberse cumplido la obligación, o cumpliéndola imperfectamente, o retardado su cumplimiento". A partir de allí, queda claro que la indemnización de perjuicios abarca el aumento patrimonial que fundadamente podía esperar una persona de no ser por haber tenido lugar, en el caso de la responsabilidad extracontractual, el hecho dañoso, por lo tanto este perjuicio se corresponde con la idea de ganancia frustrada.

300 El daño emergente, en general, consiste en aquella mengua del patrimonio económico de un sujeto de derecho con ocasión de un daño. El Código Civil entiende por daño emergente "el perjuicio o la pérdida que proviene de no haberse cumplido la obligación...", noción que resulta perfectamente extrapolable a otros ámbitos diversos a lo contractual. En este caso lo que constituye el objeto de la indemnización son las sumas de dinero que debe asumir el afectado con un daño para resarcir o subsanar la situación desfavorable en que se encuentra con ocasión de dicho suceso.

301 COLOMBIA, Consejo de Estado, Sección Tercera, Subsección B, sentencia de 5 de marzo de 2015, expediente 28955.

de justicia" y si existiendo este el ciudadano destinatario del mismo cumplió con su deber constitucional [consagrado en el artículo 95.7 de la Carta Política] de colaborar para dicho buen funcionamiento, ya que la dilación de un proceso puede estar originada en conductas contumaces[302], o en la imposibilidad de definir e identificar un lugar para notificaciones, o entorpecer la práctica de una prueba, eventos en los cuales la intervención del hecho o culpa exclusiva de la víctima por violación de un deber constitucional sería el fundamento a tratar de encuadrar para que opere la eximente de responsabilidad de manera plena.

302 COLOMBIA, Consejo de Estado, Sección Tercera, Subsección B, sentencia de 26 de febrero de 2015, expediente 32207. "[O]bserva la Sala que según el artículo 95.7 de la Constitución Política es un deber de la persona y del ciudadano colaborar para el buen funcionamiento de la administración de la justicia, y lo que se observa en este caso, es que la conducta desplegada por el demandante fue diametralmente opuesta a ese deber constitucional, puesto que lo que se espera de cualquier persona, es que cumpla con este deber, máxime si se le dio la oportunidad de comparecer al proceso y rendir sus descargos a fin de esclarecer los hechos materia de investigación (...) no cabe duda para la Sala que el daño que le imputa a la demandada, esto es, el hecho de tener que vivir huyendo de las autoridades, que lo alejó de su familia y le impidió realizar actividades económicas, se generó como consecuencia de su contumacia a cumplir con un deber ciudadano de raigambre constitucional, razón por la cual no es dable que quiera aprovecharse de tal conducta, puesto que el hecho de evadirse de la justicia, no le es imputable a la demandada sino a la parte demandante".

V.
LA ACCIÓN DE TUTELA (AMPARO) COMO INSTRUMENTO ANTICIPADO DE CORRECCIÓN DE LA ACTUACIÓN JUDICIAL

93.- El régimen de responsabilidad patrimonial del Estado por la actividad de la administración de justicia encuentra como herramienta atemperadora a la acción de tutela (amparo) en especial cuando se dirige a controvertir las decisiones o providencias judiciales, en aquellos eventos en los que los derechos de defensa (artículo 28), de debido proceso (artículo 29) y de tutela judicial afectiva (229) constitucionalmente reconocidos pueden haber sido vulnerados por las decisiones, actuaciones o procedimientos adelantados en cualquiera de las jurisdicciones.

94.- La tutela es un instrumento garantizador de los derechos fundamentales de las personas. En su incorporación al derecho constitucional, el constituyente de 1991, en el artículo 86 de la Carta definió la naturaleza y estableció determinadas características para su ejercicio y procedencia, las cuales eventualmente la sitúan en una posición excepcional frente a otros mecanismos jurídicos, si tenemos en cuenta, tal y como lo ha definido la Corte Constitucional, que la subsidiariedad, rapidez, inmediatez y efectividad son los elementos distintivos de esta novedosa institución, que adicionalmente, la doctrina entiende y determina como una acción constitucional, de carácter individual o subjetiva, judicial, intemporal, excepcional, inmediata y de espacio pleno.

95.- Este instrumento constituye un mecanismo sencillo, rápido de protección judicial, en los términos del artículo 25 de la Convención Americana sobre Derechos Humanos, contra actos violatorios de derechos fundamentales.

96.- La tutela es una acción excepcional en la medida en que solo procede frente a situaciones perfectamente autorizadas por la Constitución y la ley. No constituye regla general protectora de los derechos fundamentales ciudadanos. Todo lo contrario, está sujeta a precisas reglas de interpretación restrictiva que la tornan en un mecanismo de excepción.

97.- En cuanto hace al punto de la procedibilidad de la acción de tutela cuando se acusa a una providencia como violatoria de derechos fundamentales, la jurisprudencia constitucional ha dado paso a la estructuración de Reglas concretas a partir de las cuales orienta el estudio de procedibilidad del amparo constitucional dentro de las cuales se incorpora el error[303].

98.- La Corte Constitucional ha aglutinado, como requisitos genéricos de procedibilidad, una serie de criterios todos ellos dirigidos a precisar si hay lugar a estudiar el fondo del asunto planteado. Su naturaleza es, principalmente, formal por cuanto pretenden garantizar la vigencia de la acción de tutela como instrumento subsidiario y no sustitutivo o de reemplazo de las vías judiciales ordinarias previstas en el ordenamiento jurídico.

99.- En este orden de ideas, esas pautas refieren a (i) la relevancia constitucional del asunto, (ii) el agotamiento previo de los recursos judiciales ordinarios y extraordinarios, (iii) la inmediatez en la proposición de la tutela, (iv) la incidencia directa de la irregularidad procesal en la violación de derechos fundamentales, si de ello se trata, (v) la exposición razonada, por parte del accionante, de los yerros judiciales constitutivos de la violación de los derechos y la demostración de que estos fueron alegados en la actuación judicial, de haber sido posible y (vi) que la decisión que se cuestiona no sea un fallo de tutela.

100.- Sólo cuando se han reunidos favorablemente los anteriores aspectos, hay lugar a abordar los requisitos específicos o lo que es lo mismo, averiguar si, de fondo, la autoridad judicial incurrió en una violación de derechos fundamentales. Para tal efecto, la jurisprudencia ha elaborado una serie de *defectos* cada uno de los cuales abriría paso próspero al amparo suplicado:

100.1.- ***Defecto orgánico.*** El cual se estructura cuando se averigua la carencia absoluta de competencia del funcionario que expidió la decisión atacada, lo que supone un desconocimiento a la garantía constitucional del juez natural; el defecto es *orgánico-funcional* cuando la autoridad ha extralimitado las facultades que le ha otorgado el ordenamiento, mientras que lo será *orgánico-temporal* si el vicio ha tenido su génesis en el hecho de haber ejercido el juez atribuciones fuera del término previsto en la Ley[304].

100.2.- ***Defecto procedimental***[305]. Que enfoca su atención en el decurso de las actuaciones surtidas en el proceso judicial, de donde se sabe, entonces,

303 COLOMBIA. Corte Constitucional. Sentencia C-590 de 2005.

304 COLOMBIA. Corte Constitucional. Sentencias SU-770 de 2014; T-064 de 2016.

305 COLOMBIA. Corte Constitucional. Sentencias SU-770 de 2014; T-031 de 2016, T-426 de 2016.

que habrá vicio *procedimental absoluto* cuando se ha actuado completamente al margen del procedimiento establecido por la Ley, cuestión que dice relación ya con la transgresión a la garantía constitucional de ser juzgado con observancia de las formas propias de cada juicio; de otra parte se estará ante un defecto *procedimental por exceso ritual manifiesto* cuando la autoridad concibe las normas procesales como un obstáculo para el acceso material y efectivo a la administración de justicia, comprende las formas procesales como fines en sí mismo lo que implica, según las circunstancias, una renuncia consciente a la verdad objetiva en el proceso[306]; de suerte que lo que fustiga este último enfoque es la abierta violación al principio de instrumentalidad de las formas reconocido en el artículo 228 constitucional.

100.3.- ***Defecto fáctico.*** Desde el cual se censuran las cuestiones probatorias del juicio y la valoración que de estas hace el juzgador, de ahí que se abra pasado este defecto cuando el juez omite el decreto de pruebas necesarias en el proceso; la apreciación probatoria es caprichosa o arbitraria, no se hizo una valoración integral de la masa probatoria o cuando se ha fundado la decisión en prueba no apta para ello. "*Conforme a la jurisprudencia constitucional, el defecto fáctico se produce cuando el juez toma una decisión: "(...) sin que los hechos del caso se subsuman adecuadamente en el supuesto de hecho que legalmente la determina, como consecuencia de una omisión en el decreto o valoración de las pruebas; de una valoración irrazonable de las mismas; de la suposición de una prueba, o del otorgamiento de un alcance contraevidente a los medios probatorios. Para la Corte, el defecto fáctico puede darse tanto en una dimensión positiva, que comprende los supuestos de una valoración por completo equivocada, o en la fundamentación de una decisión en una prueba no apta para ello, como en una dimensión negativa, es decir, por la omisión en la valoración de una prueba determinante, o en el decreto de pruebas de carácter esencial.*" [307].

100.4.- ***Defecto material o sustantivo***[308]. Vicio que contrae su atención a la construcción motivada de las decisiones judiciales. Toda autoridad debe

306 A partir del fallo T-1306 de 2001 la Corte Constitucional ha elaborado una sólida jurisprudencia con respecto a la tesis del "exceso ritual manifiesto"; cfr. así mismo, entre otros, los siguientes pronunciamientos: T-1306 de 2001; T-1123 de 2002; T-950 y T-974 de 2003; T-289 de 2005; T-1091 de 2008; T-052 y T-264 de 2009; T-268 de 2010; T-591 de 2011; T-213 de 2012; T-363 y T-605 de 2013; T-104, SU-774, T-916 y T-926 de 2014; T-201, T-339 y SU-636 de 2015, entre otras decisiones.

307 COLOMBIA. Corte Constitucional. Sentencia SU-172 de 2015.

308 COLOMBIA. Corte Constitucional, Sentencias T-203 y T-605 de 2015; SU-217 y SU-448 de 2016; en particular, en cuanto a ese vicio tratándose de laudos arbitrales, cfr. Sentencias SU-500 de 2015 y SU-556 de 2016.

dictar sus resoluciones en derecho lo que significa ajustarlas a los mandatos legales y consultar, en ese desarrollo interpretativo y aplicativo, los principios constitucionales que gobiernan el ejercicio de la judicatura. De ahí que se sepa que este defecto puede ocurrir bien sea por a) decidirse con apoyo en norma que no se encuentra vigente, b) aplicarse una norma que, atendiendo la realidad del caso, resulta manifiestamente inaplicable por carecer de conexión con los presupuestos del asunto; c) de manera injustificada la autoridad ha desatendido un precedente judicial horizontal o vertical, d) carecer de motivación, o que esta sea insuficiente, para motivar la decisión, e) abstenerse de aplicar la excepción de inconstitucionales cuando exista una violación manifiesta a la Constitución y se haya solicitado por una de las partes del proceso, f) existir una contradicción evidente y grosera entre los fundamentos y su decisión, g) cuando se ha dejado de aplicar una norma jurídica exigible y h) cuando, en el escenario interpretativo, la autoridad judicial atribuye a una norma jurídica sentidos irrazonables, contraevidentes o desproporcionados.

100.5.- ***Error inducido.*** Irregularidad que se configura cuando la autoridad judicial ha sido víctima de un engaño por parte de terceros y es en virtud de ese engaño que adoptó la decisión que afecta derechos fundamentales; en puridad, en este caso no se censura la motivación de la providencia ni de la decisión sino el hecho de haber sido el juez objeto de actuación engañosa con incidencia determinante en las resultas del juicio y la violación de los derechos fundamentales[309].

100.6.- ***Violación directa de la Constitución.*** Causal que se configura cuando la decisión cuestionada desconoce la Carta Política y ello puede ocurrir ora por dejarse de aplicar una disposición ius fundamental en el caso concreto o por aplicarse una ley al margen de lo dispuesto en la Constitución[310].

100.7.- ***Falta de motivación y desconocimiento del precedente***. finalmente también se reconocen como causal de la carencia absoluta de motivación y el desconocimiento del precedente judicial, sin embargo, su autonomía no es del todo claro toda vez que en ocasiones la jurisprudencia constitucional ha subsumido estos dos eventos dentro del defecto material o sustantivo[311]. En relación con este defecto, para determinar si una decisión se constituye como precedente, la Corte Constitucional, en sentencia T-292

309 COLOMBIA. Corte Constitucional. Sentencia T-863 de 2013.

310 COLOMBIA. Corte Constitucional. Sentencia SU-198 de 2013.

311 COLOMBIA. Corte Constitucional. Sentencia SU-448 de 2016.

de 2006, precisó lo siguiente: *"(...) (i) En la ratio decidendi de la sentencia se encuentra una regla relacionada con el caso a resolver posteriormente. (ii) La ratio debió haber servido de base para solucionar un problema jurídico semejante, o a una cuestión constitucional semejante. (iii) los hechos del caso o las normas juzgadas en la sentencia anterior deben ser semejantes o plantear un punto de derecho semejante al que debe resolverse posteriormente. En este sentido será razonable que "cuando en una situación similar, se observe que los hechos determinantes no concuerdan con el supuesto de hecho, el juez esté legitimado para no considerar vinculante el precedente". Estos tres elementos hacen que una sentencia anterior sea vinculante y, en esa medida, que se constituya en un precedente aplicable a un caso concreto. De allí que se pueda definir el precedente aplicable, como aquella sentencia anterior y pertinente cuya ratio conduce a una regla - prohibición, orden o autorización- determinante para resolver el caso, dados unos hechos y un problema jurídico, o una cuestión de constitucionalidad específica, semejantes (...)".* Conforme a lo anterior, al momento de analizar si se desconoció el precedente, deben tenerse en cuenta estos elementos: (i) Que exista una regla contenida en la *ratio decidendi*; (ii) Que ésta sea aplicable al caso bajo estudio; (iii) Que el problema jurídico sea semejante al presente; (iv) Que los hechos y normas invocadas sean similares, y (v) Que se plantee un punto de derecho semejante al que se debe resolver posteriormente.

100.8.- El Consejo de Estado por la vía de la Tutela ha sostenido en relación con el desconocimiento del precedente como causal de procedibilidad ".. En relación con el desconocimiento del precedente judicial, es importante tener en cuenta que la Corte Constitucional se ha referido al precedente de la siguiente manera: *«El precedente debe ser anterior a la decisión en la que se pretende aplicar y, además,* ***debe presentarse una semejanza de problemas jurídicos, escenarios fácticos y normativos.****»*[312] *(negrilla fuera del texto). Adicionalmente, debe precisarse que esta Sección en reiterados pronunciamientos ha indicado que el concepto de precedente hace referencia a la regla de derecho determinante del sentido de la decisión y su contenido específico, es decir, la ratio decidendi, la cual no está atada al número de decisiones, dado que solo basta una providencia en donde se especifique una regla o sub regla de derecho. Asimismo, se ha destacado que el carácter vinculante de las reglas o sub reglas de derecho creadas por las Altas Cortes, encuentra su fundamento en la jerarquía del juez, a sus funciones asignadas por la norma superior y a la garantía de los principios de igualdad y seguridad jurídica, así como, en la coherencia del ordenamiento jurídico. Por tanto, la parte que invoca el desconocimiento de un precedente jurisprudencial, debe cumplir con la carga mínima de i) identificar la decisión que considera desatendida, ii) la ratio de*

312 COLOMBIA. Corte Constitucional. Sentencia T - 762 de 2011.

la misma aplicable a la solución del nuevo caso que se somete a la jurisdicción dada la analogía con la litis anterior, y iii) la incidencia de esta en la decisión final que adopte el fallador de instancia…"[313].

101.- Después de este estudio es posible plantear las siguientes conclusiones.

313 COLOMBIA. Consejo de Estado, Sección Quinta, Sentencia de 16 agosto de 2018, **11001-03-15-000-2017-03079-01(AC)**

VI.
CONCLUSIONES

102.- Lo primero que debe concluirse es que la responsabilidad del Estado-administración de justicia en el moderno Estado Social y Democrático de Derecho tiene como sustento el derecho de acceso a la administración de justicia o la tutela judicial efectiva.

102.1.- Lo anterior implica que en la construcción de dicha responsabilidad la tensión que puede surgir entre los principios de cosa juzgada, seguridad jurídica y buen funcionamiento de la administración de justicia deben ser sometidos a una debida ponderación respecto del derecho-principio a la tutela judicial efectiva.

102.2.- De igual forma, no puede pensarse que este régimen sólo se agota en el escrutinio de la decisión judicial, típico error judicial, ni en la injusta privación de la libertad, sino que es el defectuoso funcionamiento el fundamento que desde los comienzos de la elaboración jurisprudencial en Colombia el que ha venido abriendo posibilidades para analizar si la responsabilidad debe operarse por problemáticas asociadas al funcionamiento de la administración de justicia como servicio público, o por la vocación de sus decisiones, o simplemente por la naturaleza de sus intervenciones en bienes, intereses y derechos de las personas.

102.3.- Ahora bien, se puede concluir que bajo esta concepción la responsabilidad del Estado-administración de justicia debe comprenderse integral o globalmente, lo que significa que puede estudiarse por la intervención de todos los agentes que hace parte de dicha administración, sin perjuicio que sea "Alta Corte", o que se afirme la inviolabilidad de sus componentes, ya que desde la formación de la responsabilidad bajo presupuestos adjetivos o institucionales, es al Estado en el ejercicio o despliegue de todo su poder jurisdiccional al que se juzga.

102.4.- Finalmente, debe tenerse en cuenta que no puede sostenerse que el régimen subjetivo, o el objetivo sea el más adecuado para determinar si opera sólo la falla en el servicio ante la acción, omisión o deficiente funcionamiento, y que el daño especial o la privación injusta autónomamente operan con carácter objetivo. Se trata, sin duda alguna, del ámbito donde se suscita más debate, y al que la jurisprudencia contencioso administrativa ha tratado de zanjar creando un modelo de falla cuando se trata de error jurisdiccional y defectuoso funcionamiento, y un régimen objetivo ante la privación injusta de la libertad, lo que en nuestra opinión no supone que el debate se haya cerrado, sino que sigue abierto para dotar de pleno encuadramiento a los diferentes supuestos en los que se manifieste este régimen e responsabilidad.

102.5.- Los estándares convencionales son aplicables en la configuración y encuadramiento de la responsabilidad patrimonial del Estado por la actividad de la administración de justicia, en especial aquellos comprendidos por la existencia de recursos efectivos, por el pleno respeto a las dimensiones general y especial al restringir la libertad persona, al debido proceso y a la tutela judicial efectiva, que impone a todo juez la necesidad de armonizar de manera constante sus decisiones, actuaciones y procedimientos a la garantía más eficaz de los estándares y derechos humanos protegidos a todos los asociados, constituyendo una forma de reivindicar el modelo democrático del Estado Social de Derecho.

Altos de Potosí, Guasca, Colombia,
20 de diciembre de 2020.

Responsabilidad del Estado por la actividad judicial
de
JAIME ORLANDO SANTOFIMIO GAMBOA
se imprimió en la República Argentina en
mayo de 2021.

www.ingramcontent.com/pod-product-compliance
Ingram Content Group UK Ltd.
Pitfield, Milton Keynes, MK11 3LW, UK
UKHW042108021026
15589UKWH00001B/272

9 789563 929782